KB087105

#내신 대비서
#고득점 예약하기

영어전략

Chunjae
Makes
Chunjae

▼

[영어전략] 중학 1 어휘

편집개발	김효진, 배나연, 김지수
영문 교열	Matthew D. Gunderman, Ryan Paul Lagace
제작	황성진, 조규영
디자인총괄	김희정
표지디자인	윤순미, 장미
내지디자인	신정원, 디자인 톡톡

발행일	2022년 8월 15일 초판 2022년 8월 15일 1쇄
발행인	(주)천재교육
주소	서울시 금천구 가산로9길 54
신고번호	제2001-000018호
고객센터	1577-0902
교재 내용문의	(02)3282-1794

어휘

영어전략

중학 1

BOOK 1

이 책의 구성과 활용

이 책은 3권으로 이루어져 있는데
본책인 BOOK1, 2의 구성은 아래와 같아.

주 도입

재미있는 만화를 통해 한 주 동안 학습할 내용이 무엇
인지 미리 살펴봅니다.

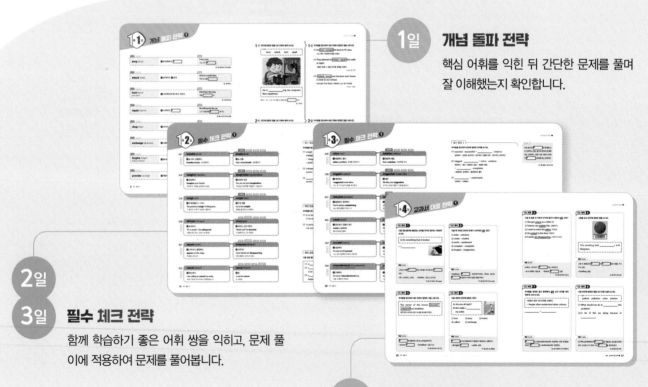

1일 개념 돌파 전략

핵심 어휘를 익힌 뒤 간단한 문제를 풀며
잘 이해했는지 확인합니다.

2일 3일 필수 체크 전략

함께 학습하기 좋은 어휘 쌍을 익히고, 문제 풀
이에 적용하여 문제를 풀어봅니다.

4일 교과서 대표 전략

내신 기출 문제의 대표 유형을 풀어 보며 실제 학교 시험
유형을 익힙니다.

주 마무리와 권 마무리의 특별 코너들로
영어 실력이 더 탄탄해질 거야!

주 마무리 코너

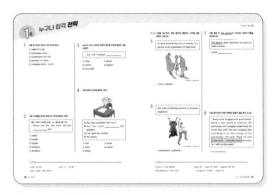

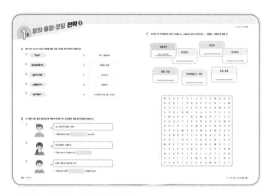

누구나 합격 전략

쉬운 문제를 풀며 앞서 학습한 내용을 정리하고 학습
자신감을 높입니다.

창의·융합·코딩 전략

융복합적 사고력과 문제 해결력을 키울 수 있는 재미
있는 문제를 풀며 한 주의 학습을 마무리합니다.

권 마무리 코너

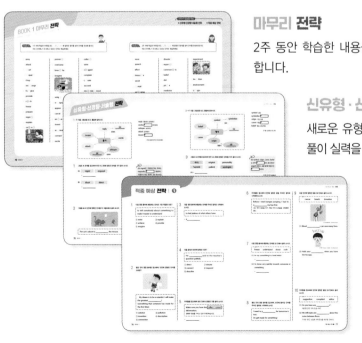

마무리 전략

2주 동안 학습한 내용을 한눈에 정리하며 어휘를 총정리
합니다.

신유형·신경향·서술형 전략

새로운 유형의 다양한 서술형 문제를 풀며 문제
풀이 실력을 키웁니다.

적중 예상 전략

예상 문제를 풀며 실제 학교 시험에
대비합니다.

이 책의 차례

동사 1

그림을 보고, 동사를 찾아 단어의 의미를 추측해 보세요.

❶ exchange 교환하다

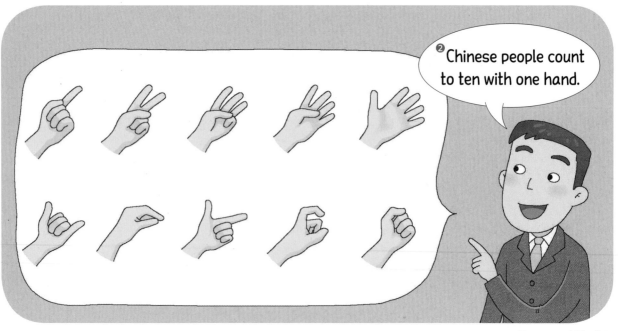

❷ count 수를 세다

❸ breathe 숨 쉬다, 호흡하다

❹ describe 묘사하다, 서술하다

001 ☐☐☐

envy [énvi]　　　동 부러워하다, **①** [　　　]

Quiz

I **envy** you.

나는 네가 **②** [　　　].

탭 **①** 질투하다 **②** 부럽다

002 ☐☐☐

attack [ətǽk]　　　동 공격하다 명 공격

Quiz

attack a small town

작은 도시를 [　　　]

탭 공격하다

003 ☐☐☐

hurt [həːrt]
[hurt - hurt]　　　동 다치게(아프게) 하다, 아프다

Quiz

Don't **hurt** the dog.

개를 [　　　] 마.

탭 아프게 하지

004 ☐☐☐

repair [ripɛ́ər]　　　동 수리하다, **①** [　　　]

Quiz

He will **repair** the car.

그가 자동차를 **②** [　　　] 것이다.

탭 **①** 고치다 **②** 수리할

005 ☐☐☐

chop [tʃɑp]　　　동 다지다, 잘게 썰다

Quiz

First, **chop** the onions.

먼저 양파를 [　　　].

탭 잘게 써세요

006 ☐☐☐

exchange [ikstʃéindʒ]　　　동 교환하다

Quiz

exchange information

정보를 [　　　]

탭 교환하다

007 ☐☐☐

forgive [fərgív]
[forgave - forgiven]　　　동 용서하다

Quiz

They will never **forgive** me.

그들은 절대 나를 [　　　] 않을 거야.

탭 용서하지

008 ☐☐☐

provide [prəváid]　　　동 제공하다, **①** [　　　]

Quiz

provide a special service

특별한 서비스를 **②** [　　　]

탭 **①** 공급하다 **②** 제공하다

1-1 빈칸에 알맞은 말을 〈보기〉에서 골라 쓰시오.

┌ 보기 ┐
| envy | attack | hurt | repair |

He is _____ing my computer like a repairman.

해석 | 그는 수리 기사처럼 내 컴퓨터를 [   ] 있다.

🖺 고치고

1-2 우리말을 참고하여 네모 안에서 알맞은 말을 고르시오.

(1) He [hurt / envied] his back in PE class.

그는 체육 시간에 허리를 다쳤다.

(2) They planned to [attack / repair] the castle at night.

그들은 밤에 그 성을 공격할 계획을 세웠다.

*castle 성, 성곽

(3) I [attack / envy] you because your house is close to our school.

너의 집이 우리 학교와 가까워서 나는 네가 부러워.

*close 가까운

2-1 빈칸에 알맞은 말을 〈보기〉에서 골라 쓰시오.

┌ 보기 ┐
| chop | exchange | forgive | provide |

Soccer players often _____ their uniforms.

해석 | 축구 선수들은 종종 유니폼을 [   ].

🖺 교환한다

2-2 우리말을 참고하여 네모 안에서 알맞은 말을 고르시오.

(1) We had to [chop / forgive] wood to make a fire.

우리는 불을 피우기 위해 나무를 잘게 잘라야 했다.

(2) Does the restaurant [provide / exchange] free parking?

그 식당은 무료 주차를 제공하나요?

*free parking 무료 주차

(3) If you say you are sorry first, she will [provide / forgive] you.

네가 먼저 미안하다고 말하면, 그녀는 너를 용서해 줄 거야.

009 ☐☐☐

rush [rʌʃ]

동 서두르다, ❶ ☐

Quiz
rush to the scene
현장으로 ❷ ☐

답 ❶ 돌진하다 ❷ 서둘러 가다

010 ☐☐☐

freeze [friːz]
[froze - frozen]

동 얼다, 얼리다

Quiz
Water **freezes** at 0℃.
물은 0도에서 ☐.

답 언다

011 ☐☐☐

prepare [pripέər]

동 준비하다

Quiz
prepare Christmas dinner
크리스마스 만찬을 ☐

답 준비하다

012 ☐☐☐

regret [rigrét]

동 후회하다 명 ❶ ☐

Quiz
I **regret** my words.
나는 내가 한 말을 ❷ ☐.

답 ❶ 후회 ❷ 후회한다

013 ☐☐☐

explain [ikspléin]

동 설명하다

Quiz
Can you **explain** it again?
그것을 다시 ☐ 주시겠어요?

답 설명해

014 ☐☐☐

count [kaunt]

동 수를 세다

Quiz
count from 1 to 100
1부터 100까지 ☐

답 세다

015 ☐☐☐

prevent [privént]

동 막다, ❶ ☐

Quiz
a way to **prevent** hacking
해킹을 ❷ ☐ 방법

답 ❶ 예방하다 ❷ 막는

016 ☐☐☐

overcome [òuvərkʌ́m]
[overcame - overcome]

동 극복하다

Quiz
He **overcame** many difficulties.
그는 많은 어려움을 ☐.

답 극복했다

3-1 빈칸에 알맞은 말을 〈보기〉에서 골라 쓰시오.

┌ 보기 ┐
rush   freeze   prepare   regret

The students _____ for a class birthday party.

해석 | 학생들이 학급 생일 파티를 [   ].

🔁 준비한다

3-2 우리말을 참고하여 네모 안에서 알맞은 말을 고르시오.

(1) She began to | regret / freeze | her decision.

그녀는 자신의 결정을 후회하기 시작했다.

*decision 결정

(2) It got cold, and the river | rushed / froze | during the night.

추워져서 강이 밤사이 얼었다.

(3) After the game, people | rushed / prepared | to the subway station.

게임이 끝난 후, 사람들은 지하철역으로 서둘러 갔다.

*subway station 지하철역

4-1 빈칸에 알맞은 말을 〈보기〉에서 골라 쓰시오.

┌ 보기 ┐
explain   count   prevent   overcome

She started to _____ when the boxer fell down.

해석 | 권투 선수가 쓰러지자 그녀는 [   ] 시작했다.

🔁 숫자를 세기

4-2 우리말을 참고하여 네모 안에서 알맞은 말을 고르시오.

(1) He always tries to | count / overcome | his weakness.

그는 항상 자신의 약점을 극복하려고 노력한다.

*weakness 약점

(2) I will | explain / prevent | why I did it.

내가 왜 그랬는지 설명할게.

(3) To | count / prevent | injuries, warm up before you exercise.

부상을 막기 위해, 운동하기 전에 준비 운동을 하세요.

*injury 부상   **warm up 준비 운동을 하다

A 영어를 우리말로 쓰기

1.	hurt	_____	9.	attack	_____
2.	explain	_____	10.	overcome	_____
3.	freeze	_____	11.	provide	_____
4.	envy	_____	12.	prepare	_____
5.	forgive	_____	13.	exchange	_____
6.	prevent	_____	14.	count	_____
7.	rush	_____	15.	chop	_____
8.	repair	_____	16.	regret	_____

B 우리말을 영어로 쓰기

1. 서두르다, 돌진하다 _____
2. 공격하다, 공격 _____
3. 설명하다 _____
4. 수리하다, 고치다 _____
5. 막다, 예방하다 _____
6. 교환하다 _____
7. 극복하다 _____
8. 다지다, 잘게 썰다 _____

9. 준비하다 _____
10. 제공하다, 공급하다 _____
11. 부러워하다, 질투하다 _____
12. 얼다, 얼리다 _____
13. 다치게(아프게) 하다, 아프다 _____
14. 수를 세다 _____
15. 용서하다 _____
16. 후회하다, 후회 _____

>> 정답과 해설 2쪽

C 빈칸에 알맞은 표현 고르기

1.

Many people _____ to the elevator every morning.

© UncleFredDesign / Shutterstock

① hurt   ② rush   ③ forgive

2.

I'm short for a basketball player. I _____ his height.

© pizzastereo / Shutterstock

① envy   ② prevent   ③ explain

3.

The cook _____ the tomatoes and put them in the bowl.

© ManuelfromMadrid / Shutterstock

① froze   ② regretted   ③ chopped

elevator 엘리베이터, 승강기
height 높이, ❶☐
cook 요리하는 사람, 요리사
bowl ❷☐

답 ❶ 키 ❷ 그릇

D 영영 풀이에 해당하는 단어 고르기

1.

to say numbers in order

① count   ② attack   ③ repair

2.

to become hard, and often change into ice, because of cold

① envy   ② freeze   ③ provide

3.

to give something to someone and receive something from them in return

① prepare   ② exchange   ③ overcome

in order 순서대로
hard 굳은, ❶☐
because of ~ 때문에
receive 받다
in return ❷☐ , 답례로

답 ❶ 딱딱한 ❷ 대신에

| 파생어 | 반의어 | 유의어 | 혼동어 |

017 **breathe** [briːð]

□
□
□
⑧ 숨 쉬다, 호흡하다
breathe deeply 심호흡하다

breath [breθ]

⑲ 숨, 호흡
take a deep **breath** 심호흡하다

| 파생어 | 반의어 | 유의어 | 혼동어 |

018 **imagine** [imǽdʒin]

□
□
□
⑧ 상상하다
Imagine your future!
여러분의 미래를 상상해 보세요!

imagination [imæ̀dʒənéiʃən]

⑲ 상상력, 상상
You can use your **imagination**.
여러분은 상상력을 이용할 수 있습니다.

| 파생어 | 반의어 | 유의어 | 혼동어 |

019 **weigh** [wei]

□
□
□
⑧ 무게(체중)가 ~이다
The potatoes **weigh** 10 kilograms.
그 감자는 무게가 10킬로그램이다.

weight [weit]

⑲ 무게, 체중
try to lose **weight**
체중을 줄이려고 노력하다

| 파생어 | 반의어 | 유의어 | 혼동어 |

020 **whisper** [hwíspər]

□
□
□
⑧ 속삭이다
"It's a secret," she **whispered**.
"비밀이야."라고 그녀가 속삭였다.

shout [ʃaut]

⑧ 외치다, 소리 지르다
"Watch out!" he **shouted**.
"조심해!"라고 그가 외쳤다.

| 파생어 | 반의어 | 유의어 | 혼동어 |

021 **appear** [əpíər]

□
□
□
⑧ 나타나다, 출현하다
appear on the stage
무대에 나타나다

disappear [dìsəpíər]

⑧ 사라지다
Some islands are **disappearing**.
몇몇 섬들이 사라지고 있다.

| 파생어 | 반의어 | 유의어 | 혼동어 |

022 **cancel** [kǽnsəl]

□
□
□
⑧ 취소하다
I am calling to **cancel** my order.
저의 주문을 취소하려고 전화했습니다.

cancer [kǽnsər]

⑲ 암
a cure for **cancer**
암 치료법

필수 예제 1

우리말을 참고하여 빈칸에 알맞은 단어를 쓰시오.

(1) weigh : _____ = _____ : breath

무게(체중)가 ~이다 : 무게, 체중 = 숨 쉬다, 호흡하다 : 숨, 호흡

= imagine : imagination

= 상상하다 : 상상력, 상상

(2) whisper : shout = appear : _____

속삭이다 : 외치다, 소리 지르다 = 나타나다, 출현하다 : 사라지다

(3) _____ – cancer

취소하다 – 암

Guide

(1)은 동사와 **❶**[   ]의 관계에 있는 단어이고, (2)는 반의어 관계에 있는 단어이다. (3)의 **cancel**과 **❷**[   ]는 철자가 비슷하므로 혼동하지 않도록 주의해야 하는 단어이다.

🔖 ❶ 명사 ❷ cancer

확인 문제 1-1

우리말을 참고하여 밑줄 친 표현이 맞으면 ○, 틀리면 ✕에 표시하시오.

(1) It is hard to <u>breathe</u> with this mask on. (○ / ✕)

이 마스크를 쓰면 숨을 쉬기가 어렵다.

(2) A picture of apples <u>disappeared</u> on the screen. (○ / ✕)

사과 사진이 화면에 나타났다.

Words

hard 어려운, 힘든
mask 마스크
screen 화면

© NIKCOA / Shutterstock

확인 문제 1-2

다음 영영 풀이에 해당하는 단어를 주어진 철자로 시작하여 쓰시오.

(1) w_____ : to say something very quietly
(2) i_____ : the ability to form pictures or ideas in your mind
(3) c_____ : to decide that something planned will not happen

Words

quietly 조용히
ability 능력
form 형성하다, 구성하다
in one's mind 마음속에서
decide 결정하다
planned 계획된, 예정된

파생어 반의어 유의어 혼동어

023 **enter** [éntər]

⑧ 들어가다(오다), 참가하다

enter a room

방에 들어가다

entrance [éntrəns]

⑲ (출)입구, 입장

Where is the main **entrance**?

중앙 출입구가 어디인가요?

파생어 반의어 유의어 혼동어

024 **invent** [invént]

⑧ 발명하다

I want to **invent** a time machine.

나는 타임머신을 발명하고 싶어.

invention [invénʃən]

⑲ 발명품, 발명

a new **invention** for children

아이들을 위한 새 발명품

파생어 반의어 유의어 혼동어

025 **achieve** [ətʃíːv]

⑧ 이루다, 성취하다

achieve a goal

목표를 이루다

achievement [ətʃíːvmənt]

⑲ 업적, 성취

Her **achievement** will make our lives better.

그녀의 업적은 우리의 삶을 더 낫게 할 것이다.

파생어 반의어 유의어 혼동어

026 **connect** [kənékt]

⑧ 연결하다, 접속하다

This bridge **connects** two towns.

이 다리는 두 도시를 연결한다.

connection [kənékʃən]

⑲ 연결, 접속

the Internet **connection**

인터넷 연결

파생어 반의어 유의어 혼동어

027 **excite** [iksáit]

⑧ 흥분시키다, 자극하다

His goal **excited** the soccer fans.

그의 골이 축구 팬들을 흥분시켰다.

excitement [iksáitmənt]

⑲ 흥분, 신남

jump up and down with **excitement**

흥분해서 펄쩍펄쩍 뛰다

파생어 반의어 유의어 **혼동어**

028 **collect** [kəlékt]

⑧ 모으다, 수집하다

collect customer information

고객 정보를 모으다

correct [kərékt]

⑲ 정확한, 옳은

No one knows the **correct** answer.

아무도 정확한 답을 모른다.

필수 예제 2

우리말을 참고하여 빈칸에 알맞은 단어를 쓰시오.

(1) enter – _____

　　들어가다(오다), 참가하다 – (출)입구, 입장

(2) _____ : connection = invent : _____

　　연결하다, 접속하다 : 연결, 접속 = 발명하다 : 발명품, 발명

(3) excite : excitement = _____ : achievement

　　흥분시키다, 자극하다 : 흥분, 신남 = 이루다, 성취하다 : 업적, 성취

(4) _____ – correct

　　모으다, 수집하다 – 정확한, 옳은

Guide

(1)~(3)은 모두 **❶**[   ]와 명사의 관계에 있는 단어이다. (2)는 동사에 접미사 -ion이 붙어 명사가 된 형태이고, (3)은 동사에 접미사 **❷**[   ]가 붙어 명사가 된 형태이다.

답 ❶ 동사 ❷ -ment

확인 문제 2-1

우리말을 참고하여 밑줄 친 표현이 맞으면 O, 틀리면 ×에 표시하시오.

(1) They will <u>connect</u> a flying car someday. (O / ×)

　　그들은 언젠가 날아다니는 자동차를 발명할 것이다.

(2) My uncle likes to <u>collect</u> old LPs. (O / ×)

　　우리 삼촌은 오래된 엘피판을 모으는 것을 좋아한다.

Words

someday 언젠가, 훗날
LP 엘피판

© Art_Eva / Shutterstock

확인 문제 2-2

다음 영영 풀이에 해당하는 단어를 주어진 철자로 시작하여 쓰시오.

(1) c_____ : accurate or true, having no mistakes
(2) e_____ : to go or come into a place
(3) a_____ : to succeed in doing something, usually by making a lot of effort

Words

accurate 정확한
mistake 실수, 틀림
succeed in ~에 성공하다
usually 대개, 보통
effort 노력, 수고

1 다음 짝 지어진 단어의 관계가 나머지와 <u>다른</u> 것은?

① weigh – weight
② invent – invention
③ enter – entrance
④ appear – disappear
⑤ breathe – breath

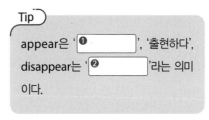

Tip
appear은 '❶⬜⬜⬜', '출현하다',
disappear는 '❷⬜⬜⬜'라는 의미
이다.

답 ❶ 나타나다 ❷ 사라지다

2 다음 영영 풀이에 해당하는 단어로 가장 적절한 것은?

| to get things and keep them together for a particular reason |

① cancel
② shout
③ collect
④ excite
⑤ connect

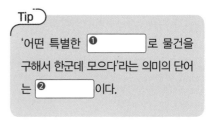

Tip
'어떤 특별한 ❶⬜⬜⬜로 물건을
구해서 한군데 모으다'라는 의미의 단어
는 ❷⬜⬜⬜이다.

답 ❶ 이유 ❷ collect

Words
keep ~ together ~을 한군데 모아 두다
particular 특정한, 특별한
reason 이유

3 다음 우리말을 영어로 옮길 때, 빈칸에 알맞은 말을 한 학생은?

그녀는 학생들이 자신의 목표를 이루도록 도와주었다.
➡ She helped her students _____ their goals.

 ① cancer
 ② achieve
 ③ excitement
 ④ correct
 ⑤ whisper

Tip
goal은 '❶⬜⬜⬜'라는 의미이므
로, '목표를 ❷⬜⬜⬜'라는 의미가
될 수 있는 동사를 생각해 본다.

답 ❶ 목표 ❷ 이루다

© Turn_around_around / Shutterstock

>> 정답과 해설 3쪽

4 그림을 보고 빈칸에 알맞은 말을 〈보기〉에서 골라 쓰시오.

© Aleutie / Shutterstock

보기

| invent | invention | imagine | imagination |

I sometimes _____ earning a lot of money.

5 다음 그림을 보고 대화문을 완성하시오.

A: Can I _____ my phone to Wi-Fi?
(제 휴대 전화를 와이파이에 연결할 수 있을까요?)

B: Sure. Here is the password.
(물론입니다. 여기 비밀번호입니다.)

파생어 반의어 유의어 혼동어

029 **solve** [sɑlv]

동 해결하다, 풀다
solve a problem 문제를 해결하다

solution [səlúːʃən]

명 해결책, 해법
find a **solution** 해결책을 찾다

파생어 반의어 유의어 혼동어

030 **suggest** [səgdʒést]

동 제안하다
I **suggested** some ideas.
나는 몇 가지 아이디어를 제안했다.

suggestion [səgdʒéstʃən]

명 제안
We like your **suggestion**.
우리는 당신의 제안이 마음에 듭니다.

파생어 반의어 유의어 혼동어

031 **complain** [kəmpléin]

동 불평하다, 항의하다
You're always **complaining**.
너는 항상 불평만 하는구나.

complaint [kəmpléint]

명 불평(항의), 불만
a letter of **complaint**
항의 편지

파생어 반의어 유의어 혼동어

032 **create** [kriéit]

동 창조하다, 만들어 내다
create a website
웹사이트를 만들다

creative [kriéitiv]

형 창조적인, 창의적인
Her answer was fun and **creative**.
그녀의 대답은 재미있고 창의적이었다.

파생어 반의어 유의어 혼동어

033 **succeed** [səksíːd]

동 성공하다
I'm sure you'll **succeed**.
나는 네가 성공할 것이라고 확신해.

successful [səksésfəl]

형 성공한, 성공적인
a **successful** businessman
성공한 사업가

파생어 **반의어** 유의어 혼동어

034 **misunderstand** [mìsʌndərstǽnd]
[misunderstood - misunderstood]

동 오해하다
I'm sorry I **misunderstood** you.
너를 오해해서 미안해.

understand [ʌndərstǽnd]
[understood - understood]

동 이해하다
try to **understand** each other
서로를 이해하려고 노력하다

필수 예제 3

우리말을 참고하여 빈칸에 알맞은 단어를 쓰시오.

(1) succeed : successful = _____ : creative

　　성공하다 : 성공한, 성공적인 = 창조하다, 만들어 내다 : 창조적인, 창의적인

(2) suggest : _____ = solve : solution

　　제안하다 : 제안 = 해결하다, 풀다 : 해결책, 해법

　　= _____ : complaint

　　= 불평하다, 항의하다 : 불평〔항의〕, 불만

(3) _____ – understand

　　오해하다 – 이해하다

Guide

(1)은 동사와 ❶ [____] 의 관계에 있는 단어이고, (2)는 동사와 명사의 관계에 있는 단어이다. (3)은 서로 의미가 반대인 ❷ [____] 관계에 있는 단어이다.

📋 ❶ 형용사 ❷ 반의어

확인 문제 3-1

우리말을 참고하여 밑줄 친 표현이 맞으면 ○, 틀리면 ×에 표시하시오.

(1) I think you <u>understand</u> some words of the song. (○ / ×)

　　너는 그 노래의 몇몇 가사를 오해하는 것 같아.

(2) We agree that your <u>solution</u> is excellent. (○ / ×)

　　우리는 당신의 제안이 훌륭하다는 것에 동의합니다.

Words

word 단어, 말, (노래의) 가사
excellent 훌륭한, 뛰어난

확인 문제 3-2

다음 영영 풀이에 해당하는 단어를 주어진 철자로 시작하여 쓰시오.

(1) c_____ : having or showing an ability to think of new ideas

(2) s_____ : to find a way to end a problem or find an answer

(3) c_____ : saying or writing that you are unhappy with something

Words

end 끝내다, 결말을 내다
unhappy 불행한, 불만족스러운

035 **direct** [dirékt]

파생어 반의어 유의어 혼동어

director [diréktər]

통 지휘하다, 감독하다
Who **directed** the project?
누가 그 프로젝트를 지휘했나요?

명 관리자, 감독
a movie **director**
영화감독

036 **edit** [édit]

파생어 반의어 유의어 혼동어

editor [édətər]

통 편집하다
Students **edit** the school newspaper.
학생들이 학교 신문을 편집한다.

명 편집자
She works as a magazine **editor**.
그녀는 잡지 편집자로 일한다.

037 **donate** [dóuneit]

파생어 반의어 유의어 혼동어

donation [dounéiʃən]

통 기부하다, 기증하다
donate some money
돈을 기부하다

명 기부, 기증
We welcome all **donations**.
우리는 모든 기부를 환영합니다.

038 **pollute** [pəlúːt]

파생어 반의어 유의어 혼동어

pollution [pəlúːʃən]

통 오염시키다
pollute the environment
환경을 오염시키다

명 오염, 공해
air **pollution**
대기 오염

039 **describe** [diskráib]

파생어 반의어 유의어 혼동어

description [diskrípʃən]

통 묘사하다, 서술하다
He **described** what he saw.
그는 자신이 본 것을 묘사했다.

명 묘사, 서술
a detailed **description**
상세한 묘사

040 **reply** [riplái]

파생어 반의어 유의어 혼동어

respond [rispánd]

통 대답하다, 답장하다 명 대답, 답변
reply to a question
질문에 답하다

통 대답하다, 응답하다, 반응하다
He didn't **respond** to my call.
그는 나의 부름에 답이 없었다.

필수 예제 4

우리말을 참고하여 빈칸에 알맞은 단어를 쓰시오.

(1) pollute : _____ = donate : donation
   오염시키다 : 오염, 공해 = 기부하다, 기증하다 : 기부, 기증
   = _____ : description
   = 묘사하다, 서술하다 : 묘사, 서술

(2) _____ : director = edit : editor
   지휘하다, 감독하다 : 관리자, 감독 = 편집하다 : 편집자

(3) reply – _____
   대답하다, 답장하다, 대답, 답변 – 대답하다, 응답하다, 반응하다

Guide

(1)은 동사와 명사의 관계이고, (2)는 동사와 동사의 동작을 하는 **❶**_____의 관계이다. (3) **❷**_____와 respond는 유의어 관계이다. 단, respond는 동사로만 쓸 수 있음에 주의해야 한다.

답 **❶** 행위자 **❷** reply

© friendlyvector / Shutterstock

확인 문제 4-1

우리말을 참고하여 밑줄 친 표현이 맞으면 ○, 틀리면 ×에 표시하시오.

(1) They asked me to <u>donate</u> the accident exactly. (○ / ×)
   그들은 내게 그 사고를 정확히 묘사해 달라고 요청했다.

(2) He was a singer, but now he is a musical <u>director</u>. (○ / ×)
   그는 가수였지만, 지금은 뮤지컬 감독이다.

Words
accident 사고
exactly 정확히
musical 뮤지컬

확인 문제 4-2

다음 영영 풀이에 해당하는 단어를 주어진 철자로 시작하여 쓰시오.

(1) r_____ : to say, write, or do something as an answer
(2) p_____ : to make land, water, air, etc. dirty and not safe to use
(3) d_____ : something that you give to a person or an organization to help them

Words
etc. 등〔등등〕
dirty 더러운
safe 안전한
organization 단체, 조직

1 다음 영영 풀이에 해당하는 단어로 가장 적절한 것은?

> achieving the result that you want

① reply ② solve ③ creative
④ successful ⑤ description

2 그림을 보고 빈칸에 들어갈 단어를 주어진 철자로 시작하여 쓰시오.

© Keron art / Shutterstock

> I'm going to d_____ my used clothes.

3 다음 문장의 밑줄 친 부분과 의미가 가장 유사한 것은?

> He apologized in a text message, but I didn't <u>reply</u>.

① create ② direct ③ respond
④ suggest ⑤ misunderstand

4 다음 빈칸에 알맞은 말이 순서대로 나열된 것은?

Students _____ that your class is boring.
학생들이 당신의 수업이 지루하다고 불평해요.

Companies have to listen to _____ from customers.
회사는 고객들의 불평에 귀 기울여야 합니다.

① complain – complaints
② describe – complaints
③ describe – solutions
④ complain – pollution
⑤ pollute – pollution

5 다음 빈칸에 알맞은 말을 〈보기〉에서 골라 쓰시오.

© BNP Design Studio / Shutterstock

┌ 보기 ┐
direct　　edit　　succeed　　suggest

A(n) _____ or helps writers and makes their writing better.

대표 예제 1

다음 영영 풀이에 해당하는 단어를 주어진 철자로 시작하여 쓰시오.

> to fix something that is broken

➡ r＿＿＿＿＿＿

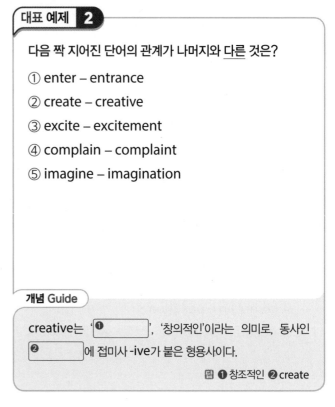

개념 Guide

'고장 난 것을 ❶＿＿＿＿'라는 의미를 가진 동사는 ❷＿＿＿＿ 이다.

• fix 수리하다, 고치다　• broken 고장 난, 부서진

🔑 ❶ 수리하다 ❷ repair

대표 예제 2

다음 짝 지어진 단어의 관계가 나머지와 다른 것은?

① enter – entrance
② create – creative
③ excite – excitement
④ complain – complaint
⑤ imagine – imagination

개념 Guide

creative는 '❶＿＿＿＿', '창의적인'이라는 의미로, 동사인 ❷＿＿＿＿에 접미사 -ive가 붙은 형용사이다.

🔑 ❶ 창조적인 ❷ create

대표 예제 3

우리말을 참고하여 네모 안에서 알맞은 것을 고르시오.

> The owner of the house [donated / prepared] our breakfast.
> 집주인이 우리의 아침 식사를 준비해 주었다.

개념 Guide

'❶＿＿＿＿'에 해당하는 동사는 prepare이다.

• owner ❷＿＿＿＿　• breakfast 아침 식사

🔑 ❶ 준비하다 ❷ 주인

대표 예제 4

다음 대화의 빈칸에 알맞은 것은?

> A: Are you all right?
> B: Not really. I ＿＿＿＿＿＿ my ankle.

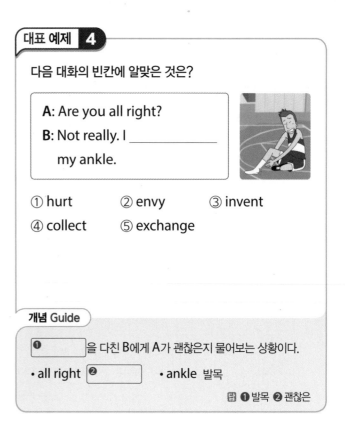

① hurt　　② envy　　③ invent
④ collect　　⑤ exchange

개념 Guide

❶＿＿＿＿을 다친 B에게 A가 괜찮은지 물어보는 상황이다.

• all right ❷＿＿＿＿　• ankle 발목

🔑 ❶ 발목 ❷ 괜찮은

대표 예제 5

다음 중 밑줄 친 부분의 우리말 풀이가 알맞지 <u>않은</u> 것은?

① She got <u>cancer</u> as a child. (암)

② Science can <u>explain</u> this. (설명하다)

③ I want to meet the <u>editor</u>. (편집자)

④ He <u>rushed</u> to the door. (막았다)

⑤ Forests <u>are disappearing</u>. (사라지고 있다)

개념 Guide

rush는 '서두르다', '❶[_____]'라는 의미이다.

· as a child 어릴 때 · forest ❷[_____], 산림

답 ❶돌진하다 ❷숲

대표 예제 6

그림을 보고 빈칸에 알맞은 말을 쓰시오.

This bowling ball _____s 4.99 kilograms.

개념 Guide

그림 속 볼링공의 ❶[_____]가 ❷[_____] 킬로그램을 가리키고 있다.

· bowling 볼링

답 ❶무게 ❷4.99

대표 예제 7

우리말을 영어로 옮긴 문장에서 <u>잘못</u> 쓰인 단어를 찾아 바르게 고쳐 쓰시오.

사람들은 종종 다른 문화를 오해한다.
➡ People often understand other cultures.

_____ ➡ _____

개념 Guide

'❶[_____]'는 misunderstand로 표현하며, 이와 반대되는 의미인 '❷[_____]'는 understand로 표현한다.

답 ❶오해하다 ❷이해하다

대표 예제 8

다음 빈칸에 알맞은 말을 〈보기〉에서 골라 쓰시오.

┌─ 보기 ┤
pollute   pollution   solve   solution
└

(1) What should we do to _____ this problem?

(2) A lot of fish are dying because of _____.

개념 Guide

(1) this problem(이 ❶[_____])과 어울리는 동사를 생각해 본다. (2) 물고기가 죽어 가는 ❷[_____]를 생각해 본다.

답 ❶문제 ❷이유

대표 예제 9

다음 중 영어 단어와 우리말 뜻이 <u>잘못</u> 연결된 것은?

① freeze – 얼다, 얼리다
② invention – 발명품, 발명
③ prevent – 막다, 예방하다
④ correct – 모으다, 수집하다
⑤ successful – 성공한, 성공적인

개념 Guide

correct는 '정확한', '옳은'이라는 의미의 ❶[   ]이고, '모으다', '수집하다'라는 의미의 동사는 ❷[   ]이다.

답 ❶ 형용사 ❷ collect

대표 예제 10

단어의 관계가 〈보기〉와 같도록 빈칸에 알맞은 말을 쓰시오.

┌─ 보기 ─────────────┐
│   act – actor   │
└──────────────────┘

┌──────────────────┐
│   direct – _____   │
└──────────────────┘

개념 Guide

'❶[   ]'라는 의미의 동사인 act에 접미사 -or이 붙어 연기하는 사람, 즉 '❷[   ]', '배우'라는 의미의 actor가 되었다.

답 ❶ 연기하다 ❷ 연기자

대표 예제 11

다음 중 단어의 영영 풀이가 알맞지 <u>않은</u> 것은?

① chop: to cut something into pieces
② regret: to feel sorry about something you did
③ describe: to say what something or someone is like
④ creative: having or showing an ability to think of new ideas
⑤ donation: the ability to form pictures or ideas in your mind

개념 Guide

• cut ~ into pieces ~을 ❶[   ]으로 자르다
• like ~ 같은, ~와 ❷[   ]

답 ❶ 조각 ❷ 비슷한

대표 예제 12

다음 문장의 네모 안에서 문맥상 알맞은 말을 고르시오.

┌──────────────────────────┐
│ I │shouted / whispered│ the loudest to │
│ wake them up.   │
└──────────────────────────┘

개념 Guide

• loudest ❶[   ](큰 소리로)의 최상급
• wake ~ up ~을 ❷[   ]

답 ❶ loud ❷ 깨우다

대표 예제 13

다음 중 단어의 품사가 나머지와 <u>다른</u> 것은?

① cancel   ② appear

③ breath   ④ provide

⑤ succeed

개념 Guide

'숨 쉬다', '호흡하다'라는 의미의 ❶ [　　　] 는 breathe이다.
명사형인 ❷ [　　　] 와 혼동하지 않도록 한다.

❿ ❶동사 ❷breath

대표 예제 14

다음 문장의 빈칸에 알맞은 것은?

© Caftor / Shutterstock

"How much is this?" I asked, and he
_____ , "It's 10,000 won."

① replied   ② forgave   ③ attacked

④ achieved   ⑤ overcame

개념 Guide

❶ [　　　] 이 얼마인지 묻고 답했다는 내용이다. '묻다'는 ask
로, '❷ [　　　] '는 reply, respond 등으로 표현할 수 있다.

❿ ❶가격 ❷대답하다

대표 예제 15

우리말을 참고하여 빈칸에 알맞은 말을 주어진 철자로 시작하여 쓰시오.

통행금지

You must not e_____ here.
여기 들어오시면 안 됩니다.

개념 Guide

must not은 ❶ [　　　] 를 나타내는 표현이고, 어떤 곳에 '들
어가다' 또는 '❷ [　　　] '라는 의미를 가진 동사는 enter이다.

❿ ❶금지 ❷들어오다

대표 예제 16

다음 빈칸에 공통으로 들어갈 말로 알맞은 것은?

- Who _____ed the telephone?
- Thomas Edison's best _____ion
  is the light bulb.

① count   ② explain   ③ invent

④ connect   ⑤ complain

개념 Guide

'❶ [　　　] '라는 의미의 동사와 동사의 끝에 접미사 -ion이
붙어 ❷ [　　　] 가 되는 단어를 생각해 본다.

- light bulb 백열전구

❿ ❶발명하다 ❷명사

1 그림을 보고 빈칸에 알맞은 말을 〈보기〉에서 골라 쓰시오.

┌─ 보기 ─┐

attack   cancel   explain

(1) The artist _____s his work himself.

우천취소

(2) They decided to _____ the game because of the heavy rain.

Tip

(1) 화가가 관람객들에게 그림을 ❶[   ]하고 있는 상황이다. (2) 비가 와서 경기가 ❷[   ]된 상황이다.

답 ❶ 설명 ❷ 취소

Words artist 화가, 예술가
himself (그) 자신, (그가) 직접
heavy rain 큰비, 폭우

2 다음 밑줄 친 단어의 영영 풀이로 알맞은 것은?

The chef wants to <u>create</u> some menus for students.

① to say numbers in order
② to make something new
③ to worry about something
④ to go or come into a place
⑤ to move or do something very quickly

Tip

주어진 문장은 ❶[   ]가 학생들을 위한 메뉴를 ❷[   ]를 원한다는 내용이다.

답 ❶ 요리사 ❷ 만들기

Words chef 요리사, 주방장
quickly 빨리

3 괄호 안의 영영 풀이를 참고하여, 빈칸에 들어갈 단어를 주어진 철자로 시작하여 쓰시오.

I can't i_____ a day without my smartphone.
(to form pictures or ideas in your mind)

Tip

'❶[   ]에 어떤 그림이나 생각을 형성하다'라는 의미를 가진 단어는 ❷[   ]이다.

답 ❶ 마음속 ❷ imagine

4 다음 말풍선의 우리말과 일치하도록 빈칸에 알맞은 말을 쓰시오.

> "I just saw you. You were so fast! I really _____ you."

> 방금 널 봤어. 너 정말 빠르더라! 네가 정말 부러워.

Tip

❶ _____ 움직이는 상대에게 부러움을 표현하는 말이므로, '❷ _____'에 해당하는 동사를 생각해 본다.

답 ❶ 빠르게 ❷ 부러워하다

---

5 윗글의 빈칸에 알맞은 것은?

① counted　　　② collected
③ described　　 ④ exchanged
⑤ disappeared

Tip

Tom이 Bill이 있는 ❶ _____ 호 병실을 찾아가며 호수를 ❷ _____ 있다.

답 ❶ 318 ❷ 세고

Words　knock 두드리다
weak 약한, 힘이 없는
voice 목소리
bored 지루해하는
shook shake(흔들다)의 과거형

[5~6] 다음 글을 읽고, 물음에 답하시오.

> ***3 P.M. at the Hospital***
>
> 　Tom _____, "316, 317... Here it is."
> When he knocked on the door of Room 318, a weak voice called, "Come in."
> 　"Hi, how are you?" asked Tom.
> 　"I'm bored," said Bill. "I'm really bored."
> 　"Why don't we play a game?" said Tom.
> 　"No." Bill shook his head. "I play games every day. Games are boring!" complained Bill.

---

6 다음 영영 풀이에 해당하는 단어를 윗글에서 찾아 쓰시오.

> to say that you are unhappy with something

➡ _____

Tip

'어떤 것에 대해 ❶ _____ 고 말하다'라는 의미를 가진 단어는 ❷ _____ 이다.

답 ❶ 불만족스럽다 ❷ complain

1 다음 중 단어의 철자가 바르게 된 것은?

① weiht (무게, 체중)

② exchainge (교환하다)

③ achivment (업적, 성취)

④ prevant (막다, 예방하다)

⑤ complain (불평하다, 항의하다)

2 다음 우리말을 영어로 옮길 때, 빈칸에 알맞은 것은?

> 제발 그에게 사실대로 말해. 그는 너를 용서할 거야.
> ➡ Please tell him the truth. He will
> _____ you.

① editor

② breath

③ forgive

④ entrance

⑤ donation

3 다음 짝 지어진 단어의 관계가 같도록 빈칸에 알맞은 것을 고르면?

> buy : sell = whisper : _____

① chop   ② shout

③ correct   ④ appear

⑤ successful

4 다음 대화의 빈칸에 알맞은 것은?

> **A:** You have a problem, don't you?
> **B:** Yes, I do. I can't _____ this question.
> **A:** Can I give you a hand?
> **B:** Yes, please.

① hurt   ② excite

③ solve   ④ cancel

⑤ freeze

Words

2 truth 사실, 진실   **3** buy 사다   sell 팔다

4 give ~ a hand ~에게 도움을 주다

[5~6] 그림을 참고하여, 영영 풀이에 해당하는 단어를 괄호 안에서 고르시오.

5

to give something such as money to a person or an organization to help them

© miniwide / Shutterstock

➡ (envy / donate)

6

the state of feeling excited or showing happiness

© vectornation / Shutterstock

➡ (excitement / pollution)

7 다음 밑줄 친 This person이 가리키는 직업의 이름을 완성하시오.

This person gives directions to actors to make a movie.

➡ movie _____

8 다음 글의 네모 안에서 문맥상 알맞은 말을 골라 쓰시오.

Baeg-a and Jongjagi were good friends. Baeg-a was good at playing the *geomungo* and Jongjagi understood his music very well. One day, Jongjagi died and Baeg-a cut the strings of his *geomungo*. He said, "Now no one understands / misunderstands my music. So, I will not play again."

➡ _____

Words

5 such as ~와 같은, 예를 들면 ~   **6** state 상태   excited 신난, 흥분한   happiness 행복, 만족

7 give directions to ~에게 지시하다   **8** be good at ~을 잘하다   string 끈, 줄

A 영어 단어 카드의 지워진 부분을 채운 다음, 우리말 뜻과 바르게 연결하시오.

1. hurt

ⓐ 막다, 예방하다

2. invention

ⓑ 발명품, 발명

3. prevent

ⓒ 속삭이다

4. whisper

ⓓ 설명하다

5. explain

ⓔ 다치게(아프게) 하다, 아프다

B 각 사람이 하는 말과 일치하도록 위에서 완성한 카드 중 알맞은 것을 골라 문장을 완성하시오.

1.

나는 넘어져서 팔을 다쳤어.

➡ I fell down and _____ my arm.

2.

내게 설명할 기회를 줘.

➡ Give me a chance to _____ .

3.

운동이 체중 증가를 막을 거야.

➡ Exercise will _____ weight gain.

C 우리말 카드에 해당하는 영어 단어를 쓰고, 퍼즐에서 찾아 표시하시오. (→ 방향과 ↓방향으로 찾을 것)

성공하다
succeed

준비하다
_____

편집자
_____

취소하다
_____

흥분, 신남
_____

무게(체중)가 ~이다
_____

오염, 공해
_____

W	E	O	O	F	P	L	U	X	Y	X	W	Q	Q	X
H	O	R	I	L	V	G	D	V	S	C	B	I	I	W
O	S	U	C	C	E	E	D	A	H	Z	B	W	E	P
X	P	O	C	B	W	I	Z	S	G	V	P	E	C	R
S	M	U	R	V	C	N	V	W	U	R	J	I	F	E
K	Q	Q	Z	T	Z	E	V	B	Q	Q	U	G	M	P
Q	O	C	O	J	E	X	M	B	B	C	N	H	X	A
H	P	A	E	M	K	D	U	W	S	R	W	U	A	R
E	X	N	D	H	Y	Y	H	Q	R	A	F	P	K	E
K	A	C	I	N	R	I	O	B	R	E	N	J	G	D
W	R	E	T	O	F	Z	H	Q	N	F	W	U	C	L
F	X	L	O	K	Z	B	G	P	J	D	R	Y	N	M
N	F	H	R	P	I	P	O	L	L	U	T	I	O	N
X	E	X	C	I	T	E	M	E	N	T	A	I	N	O
E	G	R	E	T	G	Y	G	K	G	W	B	C	O	F

D 우리말을 참고하여 철자의 순서를 바르게 배열하시오.

1. _____ : 숨, 호흡

| b | t | r |
| h | e | a |

2. _____ : 창조적인, 창의적인

| r | c | v | e |
| i | e | a | t |

3. _____ : 외치다, 소리 지르다

| s | o | t |
| u | h | |

4. _____ : 기부, 기증

| i | o | d | a |
| t | o | n | n |

5. _____ : 교환하다

| x | e | n | h |
| g | e | c | a |

6. _____ : 후회하다, 후회

| e | e | t |
| g | r | r |

E 각 사람이 하는 말과 일치하도록 위에서 완성한 단어 중 알맞은 것을 골라 문장을 완성하시오.

1.

이 티셔츠를 교환할 수 있을까요? 너무 커요.

➡ Can I _____ this T-shirt? It's too big.

2.

창의적인 생각이 우리가 답을 찾는 데 도움이 될 수 있어.

➡ _____ ideas can help us to find answers.

3.

직접 돌고래를 본다면, 나는 소리를 지를 거야.

➡ If I see a dolphin for myself, I will _____ .

F 퍼즐을 완성하시오.

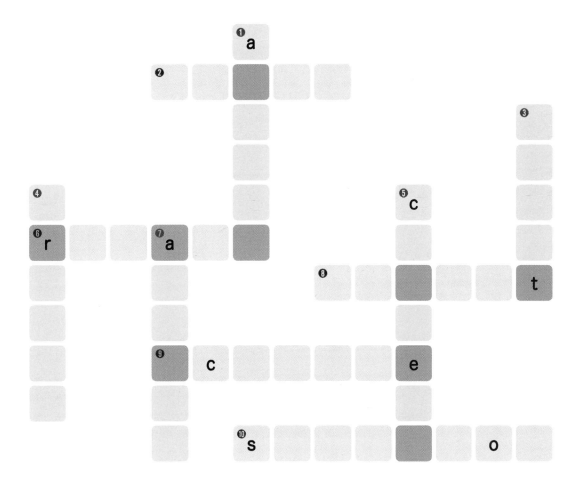

Across ▶

❷ _____(= respond) to a question
(질문에 답하다)

❻ to fix something that is broken
➡ _____

❽ _____ : 지휘하다, 감독하다

❾ _____ a goal (목표를 이루다)

❿ imagine : imagination
= solve : _____

Down ▼

❶ disappear : _____
= misunderstand : understand

❸ to say numbers in order
➡ _____

❹ to become hard, and often change into
ice, because of cold ➡ _____

❺ _____ : 정확한, 옳은

❼ _____ a small town
(작은 도시를 공격하다)

명사

💧 그림을 보고, 명사를 찾아 단어의 의미를 추측해 보세요.

❶ speech 말하기, 연설

❷ expert 전문가

❸ receipt 영수증

❹ apologies apology(사과)의 복수형

001 □□□

wave [weiv]

명 파도, 물결

Quiz
the sound of **waves**

[　　　] 소리

답 파도

002 □□□

speech [spiːtʃ]

명 말하기, ❶ [　　　]

Quiz
enter a **speech** contest

❷ [　　　] 대회에 참가하다

답 ❶ 연설 ❷ 말하기

003 □□□

effort [éfərt]

명 노력

Quiz
I put **effort** into everything.

나는 모든 일에 [　　　]을 기울인다.

답 노력

004 □□□

treasure [tréʒər]

명 보물

Quiz
They are looking for **treasure**.

그들은 [　　　]을 찾고 있다.

답 보물

005 □□□

secret [síːkrit]

명 비밀, ❶ [　　　]

Quiz
Do not tell the **secret** to anyone.

누구에게도 그 ❷ [　　　]을 말하지 마라.

답 ❶ 비결 ❷ 비밀

006 □□□

detail [ditéil]

명 세부 사항

Quiz
Check out the **details**.

[　　　]을 확인하세요.

답 세부 사항

007 □□□

universe [júːnəvə̀ːrs]

명 우주

Quiz
the origin of the **universe**

[　　　]의 기원

답 우주

008 □□□

seed [siːd]

명 씨, 씨앗

Quiz
A farmer is planting **seeds**.

농부가 [　　　]을 심고 있다.

답 씨앗

1-1 빈칸에 알맞은 말을 〈보기〉에서 골라 쓰시오.

┌ 보기 ┐
| wave | speech | effort | treasure |

The boy found _____ in his dream.

해석 | 소년은 꿈속에서 [　　　] 을 찾았다.

답 보물

2-1 빈칸에 알맞은 말을 〈보기〉에서 골라 쓰시오.

┌ 보기 ┐
| secret | detail | universe | seed |

© GoodSeller / Shutterstock

You can blow the _____s like birthday candles.

해석 | 생일 초처럼 [　　　] 을 불 수 있다.

답 씨앗

1-2 우리말을 참고하여 네모 안에서 알맞은 말을 고르시오.

(1) Her great │effort / speech│ moved the hearts of people.

그녀의 명연설은 사람들의 마음을 움직였다.

(2) The │waves / treasures│ became high because of the typhoon.

태풍 때문에 파도가 높아졌다.

*typhoon 태풍

(3) After lots of │effort / wave│, he became the best player in the league.

많은 노력 후에, 그는 리그에서 최고의 선수가 되었다.

*league (스포츠 경기) 리그

2-2 우리말을 참고하여 네모 안에서 알맞은 말을 고르시오.

(1) Does time exist in the │secret / universe│?

우주에 시간이 존재할까요?

*exist 존재하다

(2) I told all my │seeds / secrets│ to my best friend.

나는 가장 친한 친구에게 나의 모든 비밀을 말했다.

(3) There will be a meeting to discuss the │details / seeds│.

세부 사항을 논의하기 위한 회의가 있을 것이다.

*discuss 논의하다, 상의하다

009 ☐☐☐

planet [plǽnit]　　명 행성, ❶ ☐

Quiz

a UFO from another **planet**

다른 ❷ ☐ 에서 온 유에프오

답 ❶ 지구 ❷ 행성

010 ☐☐☐

trash [træʃ]　　명 쓰레기

Quiz

clean up the **trash**

☐ 를 치우다

답 쓰레기

011 ☐☐☐

community [kəmjúːnəti]　　명 지역 사회, ❶ ☐

Quiz

do something for the **community**

❷ ☐ 를 위해 무언가를 하다

답 ❶ 공동체 ❷ 지역 사회

012 ☐☐☐

state [steit]　　명 상태, 국가

Quiz

She is in a **state** of excitement.

그녀는 흥분한 ☐ 이다.

답 상태

013 ☐☐☐

temperature [témpərətʃər]　　명 온도, 기온, 체온

Quiz

The **temperature** will go up to 30℃.

☐ 이 30도까지 올라갈 것이다.

답 기온

014 ☐☐☐

disaster [dizǽstər]　　명 재난, ❶ ☐

Quiz

prepare for a **disaster**

❷ ☐ 에 대비하다

답 ❶ 재해 ❷ 재난

015 ☐☐☐

expert [ékspəːrt]　　명 전문가

Quiz

He is a military **expert**.

그는 군사 ☐ 이다.

답 전문가

016 ☐☐☐

instrument [ínstrəmənt]　　명 기구, 악기

Quiz

I learn a musical **instrument**.

나는 ☐ 를 배운다.

답 악기

3-1 빈칸에 알맞은 말을 〈보기〉에서 골라 쓰시오.

┌ 보기 ┐
planet   trash   community   state

© Nadya_Art / Shutterstock

The Earth is the third _____ from the Sun.

해석 | 지구는 태양으로부터 세 번째 [　　　]이다.

📖 행성

3-2 우리말을 참고하여 네모 안에서 알맞은 말을 고르시오.

(1) Put the | state / trash | in the trash can.

쓰레기는 쓰레기통에 넣으세요.

*trash can 쓰레기통

(2) The picture shows your | state / planet | of mind.

그 그림은 당신의 마음 상태를 보여 줍니다.

*mind 마음, 정신

(3) His death was a great shock to the | trash / community |.

그의 죽음은 지역 사회에 큰 충격을 주었다.

*shock 충격, 충격적인 일

4-1 빈칸에 알맞은 말을 〈보기〉에서 골라 쓰시오.

┌ 보기 ┐
temperature   disaster
expert   instrument

© YummyBuum / Shutterstock

Many people die in _____ s like earthquakes.

해석 | 많은 사람들이 지진과 같은 [　　　]으로 죽는다.

📖 재난

4-2 우리말을 참고하여 네모 안에서 알맞은 말을 고르시오.

(1) I can't control the room | temperature / instrument |.

방 온도를 조절할 수가 없어요.

*control 통제하다, 조정하다

(2) This | expert / instrument | is used in many hospitals.

이 기구는 많은 병원에서 사용되고 있다.

(3) She talked about the movie like a(n) | expert / disaster |.

그녀는 전문가처럼 그 영화에 관해 이야기했다.

A 영어를 우리말로 쓰기

1. treasure _____

2. disaster _____

3. planet _____

4. effort _____

5. detail _____

6. community _____

7. seed _____

8. wave _____

9. state _____

10. instrument _____

11. expert _____

12. secret _____

13. universe _____

14. temperature _____

15. speech _____

16. trash _____

B 우리말을 영어로 쓰기

1. 우주 _____

2. 지역 사회, 공동체 _____

3. 쓰레기 _____

4. 말하기, 연설 _____

5. 상태, 국가 _____

6. 재난, 재해 _____

7. 보물 _____

8. 전문가 _____

9. 노력 _____

10. 세부 사항 _____

11. 행성, 지구 _____

12. 파도, 물결 _____

13. 온도, 기온, 체온 _____

14. 비밀, 비결 _____

15. 기구, 악기 _____

16. 씨, 씨앗 _____

C 빈칸에 알맞은 표현 고르기

1.

The _____s are good for surfing.

© EpicStockMedia / Shutterstock

① wave　　　　② detail　　　　③ speech

2.

Don't leave your _____ on the table.

① effort　　　　② trash　　　　③ state

3.

This _____ is called an electric guitar.

© megaflopp / Shutterstock

① disaster　　　　② expert　　　　③ instrument

be good for ~에 좋다
surfing ❶ [_____], 서핑
leave 남기다, 남기고 가다
electric guitar ❷ [_____]

답 ❶ 파도타기 ❷ 전기 기타

D 영영 풀이에 해당하는 단어 고르기

1.

the people who live in the same area

① seed　　　　② universe　　　　③ community

2.

something valuable such as gold or silver

① secret　　　　② instrument　　　　③ treasure

3.

something very bad that happens suddenly

① planet　　　　② disaster　　　　③ temperature

same 같은
area ❶ [_____], 구역
valuable 귀중한, ❷ [_____]
suddenly 갑자기

답 ❶ 지역 ❷ 값비싼

| | 파생어 | 반의어 | 유의어 | 혼동어 |

017 belief [bilíːf]

명 믿음, 신념, 확신
belief in a life after death
사후 세계에 대한 믿음

believe [bilíːv]

동 믿다
Nobody **believed** him.
아무도 그를 믿지 않았다.

| | 파생어 | 반의어 | 유의어 | 혼동어 |

018 dirt [dəːrt]

명 먼지, 때, 흙
Look at the **dirt** on your shoes.
신발 위에 먼지 좀 봐.

dirty [də́ːrti]

형 더러운, 지저분한
Wash your **dirty** hands first.
먼저 더러운 손을 씻어라.

| | 파생어 | 반의어 | 유의어 | 혼동어 |

019 pride [praid]

명 자랑스러움, 자부심
the **pride** of our school 우리 학교의 자랑

proud [praud]

형 자랑스러운
I was **proud** of myself. 나는 스스로가 자랑스러웠다.

| | 파생어 | 반의어 | 유의어 | 혼동어 |

020 medicine [médəsin]

명 의학, 약
study **medicine**
의학을 공부하다

medical [médikəl]

형 의학의, 의료의
You need **medical** treatment.
너는 의학적 치료가 필요하다.

| | 파생어 | 반의어 | 유의어 | 혼동어 |

021 drought [draut]

명 가뭄
The **drought** damaged the crops.
가뭄으로 농작물이 피해를 입었다.

flood [flʌd]

명 홍수
People lost their homes in the **flood**.
홍수로 사람들이 집을 잃었다.

| | 파생어 | 반의어 | 유의어 | 혼동어 |

022 disease [dizíːz]

명 질병, 병
He had a heart **disease**.
그는 심장병이 있었다.

illness [ílnis]

명 병, 아픔
She died after a long **illness**.
그녀는 오랜 지병 끝에 죽었다.

필수 예제 1

우리말을 참고하여 빈칸에 알맞은 단어를 쓰시오.

(1) _____ – illness
질병, 병 – 병, 아픔

(2) drought – _____
가뭄 – 홍수

(3) _____ – believe
믿음, 신념, 확신 – 믿다

(4) dirt : dirty = _____ : proud
먼지, 때, 흙 : 더러운, 지저분한 = 자랑스러움, 자부심 : 자랑스러운
= medicine : _____
= 의학, 약 : 의학의, 의료의

확인 문제 1-1

우리말을 참고하여 밑줄 친 표현이 맞으면 ○, 틀리면 ✕에 표시하시오.

(1) Many people died in the worst <u>drought</u> in 100 years. (○ / ✕)
100년 만의 최악의 홍수로 많은 사람들이 죽었다.

(2) He has a strong <u>belief</u> in his ability. (○ / ✕)
그는 자신의 능력에 대해 강한 믿음을 가지고 있다.

Words

worst 최악의, 가장 나쁜
strong 강한
ability 능력, 재능

확인 문제 1-2

다음 영영 풀이에 해당하는 단어를 주어진 철자로 시작하여 쓰시오.

(1) i_____ : the state of being unhealthy
(2) b_____ : to think that something is true
(3) d_____ : a thing that makes something dirty, for example, dust or soil

Words

unhealthy 건강하지 못한
true 사실인, 진실인
for example 예를 들어
dust 먼지
soil 흙, 토양

023 harm [hɑːrm]

파생어 · 반의어 · 유의어 · 혼동어

harmful [háːrmfəl]

명 해, 피해, 손해 동 해를 끼치다
It will do serious **harm** to our health.
그것은 우리의 건강에 심각한 해를 끼칠 것이다.

형 해로운, 유해한
Smoking is **harmful**.
흡연은 해롭다.

024 respect [rispékt]

파생어 · 반의어 · 유의어 · 혼동어

respectful [rispéktfəl]

명 존경, 존중 동 존경하다
a sign of **respect**
존경의 표시

형 존경하는, 공손한
They are **respectful** of each other.
그들은 서로를 존경한다.

025 personality [pə̀rsənǽləti]

파생어 · 반의어 · 유의어 · 혼동어

personal [pə́rsənl]

명 성격, 개성
I want to change my **personality**.
나는 내 성격을 바꾸고 싶다.

형 개인의, 개인적인
a **personal** opinion
개인적인 의견

026 risk [risk]

파생어 · 반의어 · 유의어 · 혼동어

safety [séifti]

명 위험
There is the **risk** of cancer.
암의 위험이 있다.

명 안전
Children's **safety** is first.
아이들의 안전이 먼저이다.

027 failure [féiljər]

파생어 · 반의어 · 유의어 · 혼동어

success [səksés]

명 실패
The plan ended in **failure**.
계획은 실패로 끝났다.

명 성공
The movie was a big **success**.
그 영화는 큰 성공을 거두었다.

028 experiment [ikspérəmənt]

파생어 · 반의어 · 유의어 · 혼동어

experience [ikspíəriəns]

명 실험
a simple **experiment**
간단한 실험

명 경험 동 경험하다
You can learn from **experience**.
경험을 통해 배울 수 있다.

필수 예제 2

우리말을 참고하여 빈칸에 알맞은 단어를 쓰시오.

(1) _____ – personal

성격, 개성 – 개인의, 개인적인

(2) harm : _____ = respect : respectful

해, 피해, 손해, 해를 끼치다 : 해로운, 유해한 = 존경, 존중, 존경하다 : 존경하는, 공손한

(3) risk : safety = _____ : success

위험 : 안전 = 실패 : 성공

(4) _____ – experience

실험 – 경험, 경험하다

Guide

(1)은 명사와 형용사의 관계로, 형용사인 personal에 접미사 -ity가 붙어 명사가 된 형태이다. (2)는 명사(또는 동사)와 형용사의 관계로, 명사에 접미사 ❶ [   ] 이 붙어 형용사가 된 형태이다. (3)은 서로 ❷ [   ] 관계에 있는 단어이며, (4)는 철자가 비슷하므로 혼동하지 않도록 주의해야 하는 단어이다.

답 ❶ -ful ❷ 반의어

확인 문제 2-1

우리말을 참고하여 밑줄 친 표현이 맞으면 ○, 틀리면 ×에 표시하시오.

(1) I have great <u>harm</u> for webtoon artists. (○ / ×)

나는 웹툰 작가들을 매우 존경한다.

(2) Swimming underwater will be an exciting <u>experience</u>. (○ / ×)

물속에서 수영하는 것은 신나는 경험이 될 것이다.

Words
webtoon 웹툰
underwater 물속에서
exciting 신나는

© Kasa_s / Shutterstock

확인 문제 2-2

다음 영영 풀이에 해당하는 단어를 주어진 철자로 시작하여 쓰시오.

(1) r_____ : having or showing respect

(2) r_____ : the possibility that something bad will happen

(3) s_____ : the achievement of something that you want

Words
possibility 가능, 가능성

1

다음 영영 풀이의 빈칸에 알맞은 것은?

> dirty: not _____

① safe   ② clean   ③ pretty
④ true   ⑤ healthy

Tip

dirty는 '❶ [   ]', '지저분한'이라는 의미의 형용사이고, not은 '~이 ❷ [   ]'이라는 의미로 부정을 나타낸다.

뢉 ❶ 더러운 ❷ 아닌

2

다음 단어를 〈보기〉와 같은 관계가 되도록 연결하시오.

> ─ 보기 ─
>
> left – right

(1) risk   •   • ⓐ safety
(2) failure •   • ⓑ flood
(3) drought •   • ⓒ success

Tip

left는 '왼쪽', right는 '❶ [   ]'이라는 의미로, 두 단어는 뜻이 서로 ❷ [   ]인 관계에 있다.

뢉 ❶ 오른쪽 ❷ 반대

3

그림을 보고 괄호 안에서 알맞은 표현을 고르시오.

> Don't eat too many sweet things. They are (harmful / respectful) to your teeth.

Tip

그림과 첫 번째 문장은 ❶ [   ]을 너무 많이 먹지 말라는 내용이므로, 먹지 말라는 ❷ [   ]로 적절한 단어를 생각해 본다.

뢉 ❶ 단것 ❷ 이유

Words

sweet 달콤한, 단
teeth tooth(치아, 이빨)의 복수형

4 다음 우리말을 영어로 바르게 옮긴 학생은?

> 선수들의 마음은 자랑스러움으로 가득 찼다.

① The players' hearts were filled with dirt.

② The players' hearts were filled with harm.

③ The players' hearts were filled with pride.

④ The players' hearts were filled with illness.

⑤ The players' hearts were filled with experience.

© Turn_around_around / Shutterstock

5 다음 빈칸에 알맞은 말을 〈보기〉에서 골라 쓰시오.

┤ 보기 ├
| belief | disease | experiment | medicine |

Doing science ＿＿＿＿＿＿s is a lot of fun.

029 tradition [trədíʃən]

명 전통

We try to keep our **tradition**.

우리는 전통을 지키려고 노력한다.

파생어 반의어 유의어 혼동어

traditional [trədíʃnl]

형 전통의, 전통적인

wear **traditional** clothes

전통 의상을 입다

030 environment [inváiərənmənt]

명 환경

live in a clean **environment**

깨끗한 환경에서 살다

파생어 반의어 유의어 혼동어

environmental [invàiərənméntl]

형 환경의

worry about **environmental** problems

환경 문제를 걱정하다

031 origin [ɔ́ːrədʒin]

명 기원, 유래

Do you know the **origin** of *kimchi*?

너는 김치의 기원을 아니?

파생어 반의어 유의어 혼동어

original [ərídʒənl]

형 원래의, 독창적인

I prefer the **original** version.

나는 원래 버전을 더 좋아한다.

032 effect [ifékt]

명 영향, 결과, 효과

She had a great **effect** on me.

그녀는 나에게 큰 영향을 주었다.

파생어 반의어 유의어 혼동어

cause [kɔːz]

명 원인, 이유

cause and effect of a problem

문제의 원인과 결과

033 sweat [swet]

명 땀 동 땀을 흘리다

His hair was wet with **sweat**.

그의 머리가 땀으로 젖어 있었다.

파생어 반의어 유의어 혼동어

sweet [swiːt]

형 달콤한, 단

a **sweet** dream

달콤한 꿈

034 receipt [risíːt]

명 영수증

He didn't give me a **receipt**.

그는 나에게 영수증을 주지 않았다.

파생어 반의어 유의어 혼동어

recipe [résəpi]

명 조리(요리)법

Let's try this **recipe**.

이 조리법을 한번 시도해 보자.

필수 예제 3

우리말을 참고하여 빈칸에 알맞은 단어를 쓰시오.

(1) tradition : traditional = origin : _____

전통 : 전통의, 전통적인 = 기원, 유래 : 원래의, 독창적인

= _____ : environmental

= 환경 : 환경의

(2) effect – _____

영향, 결과, 효과 – 원인, 이유

(3) sweat – _____

땀, 땀을 흘리다 – 달콤한, 단

(4) _____ – recipe

영수증 – 조리(요리)법

© Garsya / Shutterstock

확인 문제 3-1

우리말을 참고하여 밑줄 친 표현이 맞으면 O, 틀리면 ×에 표시하시오.

(1) His book has a positive <u>effect</u> on readers. (O / ×)

그의 책은 독자들에게 긍정적인 영향을 준다.

(2) You need a <u>recipe</u> to get a refund. (O / ×)

환불을 받으려면 영수증이 필요해요.

Words
positive 긍정적인
refund 환불

© 3d imagination / Shutterstock

확인 문제 3-2

다음 영영 풀이에 해당하는 단어를 주어진 철자로 시작하여 쓰시오.

(1) t_____ : a very old belief, custom or way of doing something

(2) e_____ : relating to the natural world

(3) s_____ : the liquid that appears on your skin when you are hot

Words
custom 관습, 풍습
relating to ~와 관련한
natural 자연의
liquid 액체
skin 피부
hot 더운, 뜨거운

035 symbol [símbəl]

파생어 반의어 유의어 혼동어

명 상징
a **symbol** of peace
평화의 상징

symbolize [símbəlàiz]

동 상징하다
The number 7 **symbolizes** good luck.
숫자 7은 행운을 상징한다.

036 apology [əpálədʒi]

파생어 반의어 유의어 혼동어

명 사과
write a letter of **apology**
사과의 편지를 쓰다

apologize [əpálədʒàiz]

동 사과하다
I **apologized** for my mistake.
나는 내 실수에 대해 사과했다.

037 silence [sáiləns]

파생어 반의어 유의어 혼동어

명 침묵, 고요
Her laughter broke the **silence**.
그녀의 웃음소리가 침묵을 깼다.

silent [sáilənt]

형 침묵하는, 조용한
The road is **silent** at night.
그 도로는 밤에 조용하다.

038 patience [péiʃəns]

파생어 반의어 유의어 혼동어

명 참을성, 인내심
He has a lot of **patience**.
그는 참을성이 많다.

patient [péiʃənt]

형 참을성〔인내심〕 있는
She is **patient** with others.
그녀는 다른 사람에게 참을성이 있다.

039 advantage [ædvǽntidʒ]

파생어 반의어 유의어 혼동어

명 유리한 점, 이점, 장점
have a big **advantage** 커다란 이점이 있다

disadvantage [dìsədvǽntidʒ]

명 불리한 점, 약점
be at a **disadvantage** 불리한 입장에 있다

040 career [kəríər]

파생어 반의어 유의어 혼동어

명 직업, 경력
What **career** is right for you?
어떤 직업이 당신에게 맞나요?

carrier [kǽriər]

명 운반인, 운송업자
a mail **carrier**
우편배달부

필수 예제 4

우리말을 참고하여 빈칸에 알맞은 단어를 쓰시오.

(1) symbol : symbolize = _____ : apologize

   상징 : 상징하다 = 사과 : 사과하다

(2) patience : _____ = silence : silent

   참을성, 인내심 : 참을성〔인내심〕 있는 = 침묵, 고요 : 침묵하는, 조용한

(3) advantage – _____

   유리한 점, 이점, 장점 – 불리한 점, 약점

(4) _____ – carrier

   직업, 경력 – 운반인, 운송업자

Guide

(1)은 명사와 명사에 접미사 -ize가 붙어 **❶** _____ 가 된 단어들을 짝 지은 것이고, (2)는 -ence로 끝나는 명사와 -ent로 끝나는 **❷** _____ 를 짝 지은 것이다. (3)은 서로 반의어 관계에 있는 단어이며, (4)는 철자가 비슷하므로 혼동하지 않도록 주의해야 하는 단어이다.

🔑 ❶ 동사 ❷ 형용사

확인 문제 4-1

우리말을 참고하여 밑줄 친 표현이 맞으면 ○, 틀리면 ×에 표시하시오.

(1) He did his work quietly in symbol. (○ / ×)

   그는 침묵 속에서 조용히 자신의 일을 했다.

(2) The work is very helpful to her career. (○ / ×)

   그 일은 그녀의 경력에 매우 도움이 된다.

Words

quietly 조용히
helpful 도움이 되는

© Getty Images Bank

확인 문제 4-2

다음 영영 풀이에 해당하는 단어를 주어진 철자로 시작하여 쓰시오.

(1) a_____ : to say sorry for doing something wrong
(2) p_____ : the ability to wait for a long time without complaining
(3) a_____ : something that helps you be more successful than others

Words

wrong 틀린, 잘못된
for a long time 오랫동안
without -ing ~하지 않고

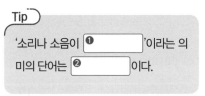
1 다음 영영 풀이에 해당하는 단어로 가장 적절한 것은?

> a lack of sound or noise

① origin   ② carrier   ③ patience

④ recipe   ⑤ silence

> **Tip**
> '소리나 소음이 ❶ ⬚⬚⬚'이라는 의미의 단어는 ❷ ⬚⬚⬚이다.
>
> 답 ❶ 없음 ❷ silence

Words
lack 부족, 없음
noise 소음

2 그림을 보고 빈칸에 들어갈 단어를 주어진 철자로 시작하여 쓰시오.

ⓒ miniwide / Shutterstock

> People play *yut*, a t_____ Korean game, on New Year's Day.

> **Tip**
> 한복을 입은 가족이 모여서 우리나라의 ❶ ⬚⬚⬚인 윷놀이를 하고 있는 그림이므로, '전통의', '❷ ⬚⬚⬚'에 해당하는 단어를 생각해 본다.
>
> 답 ❶ 전통 놀이 ❷ 전통적인

Words
New Year's Day 설날

3 다음 문장의 밑줄 친 부분과 의미가 반대되는 것은?

> She was worried about the <u>effect</u> of her behavior.

① cause   ② career   ③ sweat

④ apology   ⑤ advantage

> **Tip**
> 그녀가 자신이 한 행동의 ❶ ⬚⬚⬚를 ❷ ⬚⬚⬚는 내용이다.
>
> 답 ❶ 결과 ❷ 걱정했다

Words
behavior 행동

>> 정답과 해설 12쪽

4 다음 대화의 빈칸에 공통으로 들어갈 말을 쓰시오.

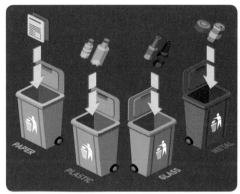

© Macrovector / Shutterstock

A: What can we do for the _____?
(우리가 환경을 위해 할 수 있는 일이 뭘까요?)

B: For the _____, we can separate trash.
(환경을 위해서 우리는 쓰레기 분리수거를 할 수 있습니다.)

Tip

우리가 **❶** [   ]을 위해 할 수 있는 일을 묻자, 쓰레기 **❷** [   ]를 할 수 있다고 답하는 대화이다.

🔑 ❶ 환경 ❷ 분리수거

Words
separate trash 쓰레기 분리수거를 하다

5 다음 빈칸에 알맞은 말을 〈보기〉에서 골라 쓰시오.

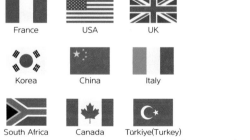

© Ilya Bolotov / Shutterstock

┌ 보기 ┐
apology   carrier   symbol   receipt

A national flag is a(n) _____ of a country.

Tip

프랑스, 미국, 영국, 한국, 중국, 이탈리아, 남아프리카 공화국, 캐나다, 튀르키예(터키)의 **❶** [   ]이다. 국기는 각 나라를 대표하는 **❷** [   ]이다.

🔑 ❶ 국기 ❷ 상징

Words
national flag 국기
country 국가, 나라

대표 예제 1

우리말을 참고하여 네모 안에서 알맞은 것을 고르시오.

Risk / Safety comes first, so we should wear seat belts.

안전이 최우선이니깐 우리는 안전벨트를 매야 해.

개념 Guide

'❶ ____'에 해당하는 명사는 safety이다.

• seat belt ❷ ____ , 안전띠

답 ❶ 안전 ❷ 안전벨트

대표 예제 2

단어의 관계가 〈보기〉와 같도록 빈칸에 알맞은 말을 쓰시오.

보기
symbol – symbolize

apology – ____

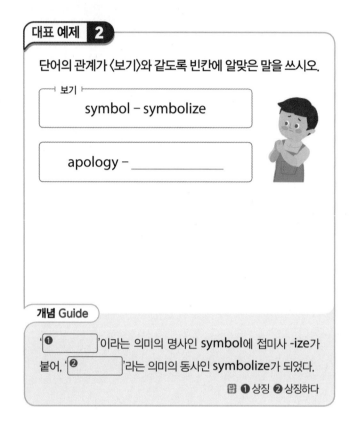

개념 Guide

'❶ ____'이라는 의미의 명사인 symbol에 접미사 -ize가 붙어, '❷ ____'라는 의미의 동사인 symbolize가 되었다.

답 ❶ 상징 ❷ 상징하다

대표 예제 3

다음 영영 풀이에 해당하는 단어를 주어진 철자로 시작하여 쓰시오.

a small thing from a plant that can grow into a new plant

➡ s____

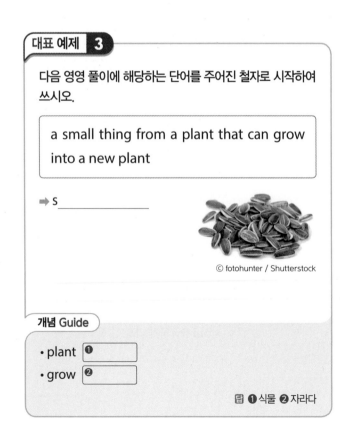

© fotohunter / Shutterstock

개념 Guide

• plant ❶ ____
• grow ❷ ____

답 ❶ 식물 ❷ 자라다

대표 예제 4

다음 중 밑줄 친 부분의 우리말 풀이가 알맞지 <u>않은</u> 것은?

① The waves are too strong. (파도)
② The room was very silent. (조용한)
③ I am proud of my parents. (두려운)
④ The Earth is a beautiful planet. (행성)
⑤ We visited a traditional market. (전통의)

개념 Guide

proud는 '❶ ____'이라는 의미이다.

• visit 방문하다   • market ❷ ____

답 ❶ 자랑스러운 ❷ 시장

대표 예제 5

다음 중 단어의 영영 풀이가 알맞지 <u>않은</u> 것은?

① sweat: tasting like sugar

② illness: the state of being unhealthy

③ respect: a feeling of admiring someone

④ treasure: something valuable such as gold or silver

⑤ expert: a person who has special skill or knowledge in a certain area

개념 Guide

• taste ~ 맛이 나다   • admire ❶[   ], 감탄하다

• skill 기술   • knowledge ❷[   ]

• certain 특정한, 일정한

目 ❶ 존경하다 ❷ 지식

대표 예제 6

그림을 보고 빈칸에 알맞은 말을 주어진 철자로 시작하여 쓰시오.

Can you wash the d_____ dog?

개념 Guide

그림 속 개를 수식하는 말로, 개의 ❶[   ] 상태를 나타내는 형용사를 생각해 본다.

• wash ❷[   ]

目 ❶ 지저분한 ❷ 씻다

대표 예제 7

다음 두 문장의 의미가 같도록 빈칸에 알맞은 말을 주어진 철자로 시작하여 쓰시오.

The Earth is getting hotter.

= The t_____ of the Earth is going up.

개념 Guide

'지구가 점점 뜨거워지고 있다.'라는 것은 '지구의 ❶[   ]가 올라가고 있다.'라는 의미이다.

• hotter ❷[   ](더운, 뜨거운)의 비교급

• go up 올라가다

目 ❶ 온도 ❷ hot

대표 예제 8

다음 빈칸에 알맞은 말을 〈보기〉에서 골라 쓰시오.

보기
trash   belief   silence   disaster

(1) She said, "We're going to clean up the _____."

(2) We cannot stop natural _____s such as tsunamis.

개념 Guide

(1) clean up(치우다, ❶[   ])과 어울리는 명사를 생각해 본다. (2) ❷[   ](쓰나미(해일, 지진으로 인한 큰 파도))가 무엇에 해당하는지 생각해 본다.

目 ❶ 청소하다 ❷ tsunami

대표 예제 9

다음 중 영어 단어와 우리말 뜻이 <u>잘못</u> 연결된 것은?

① state – 상태, 국가

② medicine – 의학, 약

③ speech – 말하기, 연설

④ career – 운반인, 운송업자

⑤ pride – 자랑스러움, 자부심

개념 Guide

| ❶ |는 '직업', '경력'이라는 뜻의 단어로, '운반인', '운송업자'라는 뜻의 ❷ | 와 혼동하지 않도록 한다.

답 ❶ career ❷ carrier

대표 예제 10

다음 짝 지어진 단어의 관계가 나머지와 <u>다른</u> 것은?

① effect – cause

② drought – flood

③ advantage – disadvantage

④ failure – success

⑤ disease – illness

개념 Guide

disease와 illness는 ❶ | 관계에 있는 단어로, disease는 '질병', '병'이라는 뜻이고 illness는 '❷ |', '아픔'이라는 뜻이다.

답 ❶ 유의어 ❷ 병

대표 예제 11

다음 문장의 빈칸에 알맞은 것은?

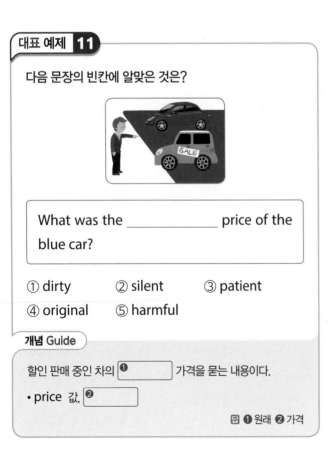

What was the _____ price of the blue car?

① dirty　　② silent　　③ patient

④ original　　⑤ harmful

개념 Guide

할인 판매 중인 차의 ❶ | 가격을 묻는 내용이다.

• price 값, ❷ |

답 ❶ 원래 ❷ 가격

대표 예제 12

다음 대화의 네모 안에서 문맥상 알맞은 말을 고르시오.

A: Do you know the recipe / receipt for curry?

B: Yes, it's easy.

개념 Guide

카레를 ❶ | 방법을 알고 있는지 묻고 답하는 대화이다.

• curry ❷ | (요리)　　• easy 쉬운

답 ❶ 만드는 ❷ 카레

대표 예제 13

우리말을 영어로 옮긴 문장에서 <u>잘못</u> 쓰인 단어를 찾아 바르게 고쳐 쓰시오.

> 디즈니랜드는 여러분에게 놀라운 경험을 줄 것이다!
> ➡ Disneyland will give you an amazing experiment!

_____ ➡ _____

개념 Guide

experiment는 '❶_____'이라는 의미로, '❷_____' 또는 '경험하다'라는 의미의 experience와 혼동하지 않도록 한다.

🔒 ❶ 실험 ❷ 경험

대표 예제 14

우리말을 참고하여 대화의 빈칸에 알맞은 말을 주어진 철자로 시작하여 쓰시오.

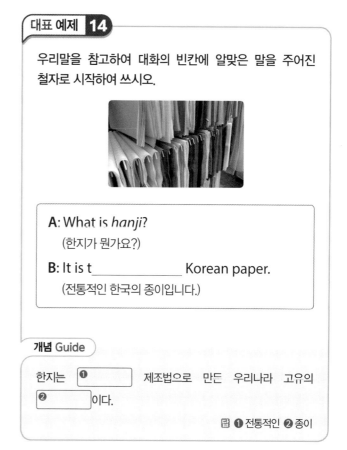

> A: What is *hanji*?
> (한지가 뭔가요?)
> B: It is t_____ Korean paper.
> (전통적인 한국의 종이입니다.)

개념 Guide

한지는 ❶_____ 제조법으로 만든 우리나라 고유의 ❷_____이다.

🔒 ❶ 전통적인 ❷ 종이

대표 예제 15

밑줄 친 단어에 유의하며 다음 문장을 우리말로 해석하시오.

> The tower is a <u>symbol</u> of the city.

➡ _____

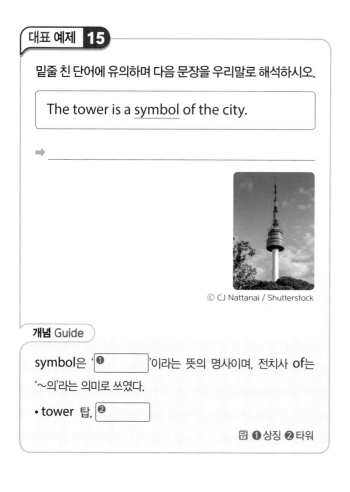

© CJ Nattanai / Shutterstock

개념 Guide

symbol은 '❶_____'이라는 뜻의 명사이며, 전치사 of는 '~의'라는 의미로 쓰였다.

• tower 탑, ❷_____

🔒 ❶ 상징 ❷ 타워

대표 예제 16

다음 빈칸에 공통으로 들어갈 말로 알맞은 것은?

> • Protecting the _____ is very important.
> • Next week, the students will start a(n) _____al campaign.

① detail　　　　② secret
③ patience　　 ④ personality
⑤ environment

개념 Guide

'❶_____'이라는 의미의 명사에 접미사 -al이 붙으면 '환경의'라는 의미의 ❷_____가 된다.

• protect 보호하다　• campaign 캠페인

🔒 ❶ 환경 ❷ 형용사

[1~2] 다음 영영 풀이에 해당하는 단어로 알맞은 것을 고르시오.

1

| something you hide from other people |

① flood   ② belief

③ secret   ④ speech

⑤ apology

Tip

'다른 사람들에게 ❶ [　　　] 어떤 것'이라는 의미가 있는
단어는 ❷ [　　　] 이다.

🖉 ❶ 숨기는 ❷ secret

Words hide 감추다, 숨기다

2

| something or someone that makes something happen |

① cause   ② state

③ silence   ④ harm

⑤ success

Tip

'어떤 일이 ❶ [　　　] 만드는 사물이나 사람'이라는 의미
가 있는 단어는 ❷ [　　　] 이다.

🖉 ❶ 일어나도록 ❷ cause

3 다음 밑줄 친 단어의 영영 풀이로 알맞은 것은?

| My friends and I picked up the <u>trash</u> on the street. |

① a scientific test

② the people who live in the same area

③ a job that a person does for a long time

④ the possibility that something bad will happen

⑤ things that you throw away because they are no longer useful

Tip

trash는 '❶ [　　　]'라는 뜻으로, '더 이상 쓸모가 없어서
❷ [　　　] 것들'을 의미한다.

🖉 ❶ 쓰레기 ❷ 버리는

Words pick up ~을 잡다, ~을 줍다
scientific 과학의, 과학적인
throw away 버리다
no longer 더 이상~아닌
useful 쓸모 있는, 유용한

4 다음 짝 지어진 단어의 관계가 〈보기〉와 같은 것은?

─ 보기 ─
tradition – traditional

① risk – safety
② illness – disease
③ success – failure
④ origin – original
⑤ belief – believe

Tip

〈보기〉는 명사인 ❶ [   ]에 접미사 -al이 붙어 형용사
인 ❷ [   ]이 된 관계를 보여 준다.

📋 ❶ tradition ❷ traditional

5 윗글의 빈칸 ⓐ에 알맞은 것은?

① seed   ② carrier
③ personality   ④ respect
⑤ community

Tip

Kelly는 ❶ [   ]에 온 푸드 트럭에서 한국 음식을 맛
봄으로써 다른 문화를 경험했다. '근처', '이웃'이라는 뜻을
가진 neighborhood는 '지역 사회', '공동체'를 뜻하는
❷ [   ]의 일종이다.

📋 ❶ 이웃 ❷ community

Words different 다른
share 공유하다, 나누다
food truck 푸드 트럭(길거리에서 음식이나 음료를 파는 트럭)
neighborhood 이웃
serve (음식을) 제공하다
delicious (매우) 맛있는
dish 음식

[5~6] 다음 글을 읽고, 물음에 답하시오.

Do you experience different cultures in your
home, school, or ⓐ_____? Share your
experiences with teens around the world.

Kelly · Chicago, 14

Food trucks come to our neighborhood and
serve food from other countries. Last Saturday,
I tried Korean *bulgogi cupbap*, and it was
delicious. You should try it, too. Back home, I
went online and found the ⓑ_____. I
want to cook this Korean dish some day.

6 다음 영영 풀이를 참고하여 윗글의 빈칸 ⓑ에 알맞은 말을
쓰시오.

instructions that explain how to make
food

➡ _____

Tip

'❶ [   ]을 만드는 방법을 설명한 설명서'라는 의미가
있는 단어는 ❷ [   ]이다.

📋 ❶ 음식 ❷ recipe

Words instructions (사용) 설명서

1 다음 중 단어의 철자가 <u>틀린</u> 것은?

① origin (기원, 유래)

② universe (우주)

③ symbolize (상징하다)

④ instrument (기구, 악기)

⑤ enviroment (환경)

3 다음 영영 풀이에 해당하는 단어로 가장 적절한 것은?

> the condition of an object or a person
> 사물 또는 사람의 상태

① risk

② state

③ pride

④ safety

⑤ tradition

2 다음 설명에 해당하는 단어를 〈보기〉에서 골라 쓰시오.

┌─ 보기 ┐
effect   advantage   illness
└──────────────┘

(1) cause와 반대되는 의미를 가진 단어

➡ _____

(2) disease와 비슷한 의미를 가진 단어

➡ _____

(3) disadvantage와 반대되는 의미를 가진 단어

➡ _____

4 다음 글의 네모 안에서 문맥상 알맞은 말을 고르시오.

© Akira Koike 1KG3 / Shutterstock

> My dog is ⎡silent / patient⎤. He waits for
> the food until I tell him to eat it.

Words

3 condition 상태   object 사물, 물건   **4** wait for ~을 기다리다   until ~(때)까지

[5~6] 다음 글을 읽고, 물음에 답하시오.

> There is a saying that "＿＿＿＿＿ is the mother of success." If you couldn't achieve your goal, that's okay. ＿＿＿＿＿ is also a good experience. You can learn many things from it. So, keep trying! Your effort will lead to success someday.

5 윗글의 빈칸에 공통으로 알맞은 것은?

① Secret

② Failure

③ Speech

④ Medicine

⑤ Experiment

6 다음 영영 풀이에 해당하는 단어를 윗글에서 찾아 쓰시오.

> an act of trying hard to do something

➡ ＿＿＿＿＿＿＿

7 다음 글의 밑줄 친 우리말과 일치하도록 괄호 안에서 알맞은 것을 고르시오.

> **Ms. Gray's bakery**
>
> When I walk around the corner, a <u>달콤한 냄새</u> comes from Ms. Gray's bakery. She gets up really early to bake bread and cakes. Sometimes she makes a new kind of bread. Then we can taste it for free. Her bread is always wonderful. She is like a magician. She works wonders with flour, milk, and eggs. What a great job!

I have to get up at four to bake fresh bread.

© GoodStudio / Shutterstock

➡ (sweet / sweat) smell

A 영어 단어 카드의 지워진 부분을 채운 다음, 우리말 뜻과 바르게 연결하시오.

1. respect   ⓐ   행성, 지구

2. planet   ⓑ   기구, 악기

3. treasure   ⓒ   자랑스러운

4. proud   ⓓ   보물

5. instrument   ⓔ   존경, 존중, 존경하다

B 각 사람이 하는 말과 일치하도록 위에서 완성한 카드 중 알맞은 것을 골라 문장을 완성하시오.

1.

우리 새로운 악기를 배워 보는 게 어때?

➡ Why don't we learn a new   ?

2.

네가 내 친구라는 게 자랑스러워.

➡ I'm   that you're my friend.

3.

우리는 다른 사람의 기분을 존중해야 해.

➡ We must have   for other people's feelings.

>> 정답과 해설 16쪽

C 우리말 카드에 해당하는 영어 단어를 쓰고, 퍼즐에서 찾아 표시하시오. (→ 방향과 ↓ 방향으로 찾을 것)

재난, 재해
disaster

더러운, 지저분한

전문가

우주

성격, 개성

가뭄

침묵하는, 조용한

D	P	O	N	E	J	G	L	T	R	T	B	H	Q	X
P	C	A	L	X	Z	Q	A	K	K	O	Y	U	R	C
E	P	B	F	P	J	M	Y	Q	D	Q	H	N	E	G
R	C	J	C	E	R	X	Z	U	J	Q	M	S	Y	Q
S	C	N	H	R	N	Y	D	I	R	T	Y	S	K	J
O	V	U	H	T	D	K	U	N	I	V	E	R	S	E
N	X	V	I	F	I	B	R	U	K	J	T	V	K	J
A	Z	S	N	N	S	L	L	T	W	V	J	K	G	X
L	M	I	F	D	A	C	X	X	Y	M	P	V	K	H
I	I	L	X	Q	S	E	K	T	U	L	Q	O	J	R
T	L	E	M	A	T	R	X	R	X	I	R	M	W	I
Y	G	N	F	C	E	K	F	I	O	F	N	A	J	D
O	J	T	D	Q	R	I	L	D	R	O	U	G	H	T
X	Z	S	O	P	V	E	Q	E	G	C	R	B	Q	T
S	K	C	Z	O	E	D	X	K	M	T	R	A	E	U

D 우리말을 참고하여 철자의 순서를 바르게 배열하시오.

1. _____ : 해로운, 유해한

m h u l
r f a

2. _____ : 파도, 물결

a w v e

3. _____ : 상징

m b y
o s l

4. _____ : 개인의, 개인적인

e s n r
l p a o

5. _____ : 사과하다

z l p g i
o a o e

6. _____ : 실험

e n m e p
i x t e r

E 각 사람이 하는 말과 일치하도록 위에서 완성한 단어 중 알맞은 것을 골라 문장을 완성하시오.

1.

미세 먼지는 우리의 건강에 해로워요.

➡ Fine dust is _____ to our health.

2.

나는 파도가 부서지는 걸 보는 것을 좋아해.

➡ I love to watch the _____s break.

3.

실험 중에는 조심해야 해.

➡ You have to be careful during the _____.

F 퍼즐을 완성하시오.

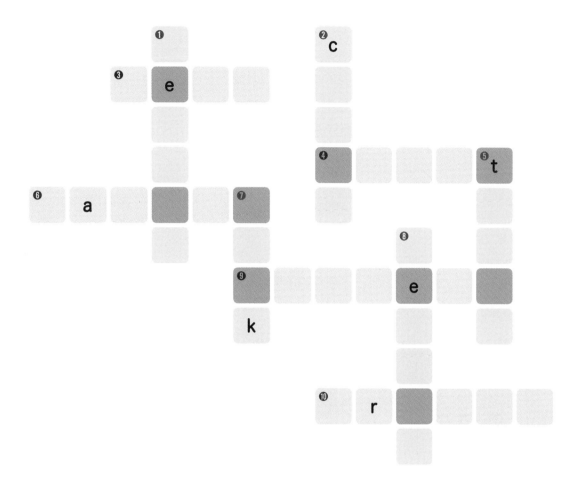

Across ▶

❸ _____ : 씨, 씨앗

❹ the liquid that appears on your skin when you are hot ➡ _____

❻ _____ : 직업, 경력

❾ _____ : failure
= advantage : disadvantage

❿ environment : environmental
= _____ : original

Down ▼

❶ _____ : 믿음, 신념, 확신

❷ _____ and effect of a problem
(문제의 원인과 결과)

❺ clean up the _____ (쓰레기를 치우다)

❼ the possibility that something bad will happen ➡ _____

❽ Check out the _____ s.
(세부 사항을 확인하세요.)

BOOK 1 마무리 전략

Week 1 — 1주 차에 학습한 어휘입니다. ●, ◆, ■, ◆ 에 알맞은 철자를 넣어 단어를 완성해 봅시다.
아는 단어에 ✔ 표시하고, 모르는 단어는 복습하세요.

☐ envy

☐ attack

☐ ●urt

☐ ■epai■

☐ chop

☐ exc●ange

☐ fo■give

☐ provide

☐ r●sh

☐ freeze

☐ prepare

☐ regre◆

☐ explain

☐ co■n◆

☐ preven◆

☐ overcome

☐ brea◆he

☐ imagine

© Aleutie / Shutterstock

☐ weig●

☐ w●ispe■

☐ appear

☐ cancel

☐ en◆er

☐ invent

☐ ac●ieve

☐ connect

☐ excite

☐ collec◆

☐ solve

☐ s●ggest

☐ complain

☐ c■eate

☐ succeed

☐ mis●nde■stand

☐ direct

☐ edit

☐ dona◆e

© miniwide / Shutterstock

☐ poll◆te

☐ describe

☐ ■eply

답 ● h ● u ■ r ◆ t

Week 2 2주 차에 학습한 어휘입니다. ◔, ◑, ◐, ◈ 에 알맞은 철자를 넣어 단어를 완성해 봅시다. 아는 단어에 ✔ 표시하고, 모르는 단어는 복습하세요.

☐ wave

☐ speech

☐ effort

☐ treasu◑e

☐ secret

☐ ◔etail

☐ un◑verse

☐ seed

☐ plane◈

© Nadya_Art / Shutterstock

☐ trash

☐ ◑nstrument

☐ state

☐ ◈empera◈ure

☐ disaste◔

☐ exper◈

☐ commun◐ty

☐ belief

☐ dirt

☐ pri◑e

☐ medicine

☐ drought

☐ ◑◐sease

☐ harm

☐ ◔espect

☐ personality

☐ r◑sk

☐ failure

☐ experiment

☐ tra◐ition

☐ environment

☐ o◔igin

☐ effect

☐ sweat

☐ receip◈

☐ symbol

☐ apology

☐ silence

☐ pa◈ience

☐ a◑vantage

☐ ca◔ee◔

답 d ◑ i ◔ t

신유형·신경향·서술형 전략

[1~2] 다음 그림표를 보고, 물음에 답하시오.

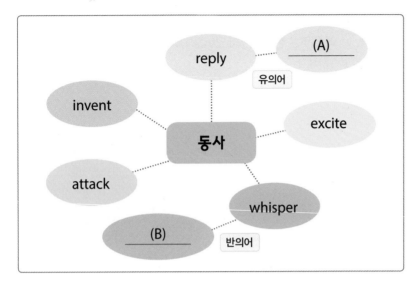

reply 대답하다, 답장하다

excite **❶**[ ], 자극하다

whisper 속삭이다

attack 공격하다

invent **❷**[ ]

답 ❶ 흥분시키다 ❷ 발명하다

1 그림표 속 관계를 참고하여 빈칸 (A), (B)에 알맞은 단어를 각각 골라 쓰시오.

(A) [regret] [respond]

➡ _____

(B) [shout] [direct]

➡ _____

Tip

(A) regret은 '후회하다'라는 뜻이고, respond는 '**❶**[ ]', '응답하다', '반응하다'라는 뜻이다. (B) shout는 '**❷**[ ]', '소리 지르다'라는 뜻이고, direct는 '지휘하다', '감독하다'라는 뜻이다.

답 ❶ 대답하다 ❷ 외치다

2 그림을 보고 빈칸에 알맞은 단어를 위 그림표에서 골라 쓰시오.

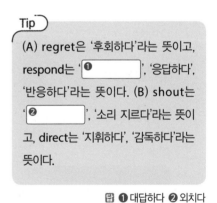

Tip

그림 속 고양이는 쥐를 **❶**[ ]하려는 자세를 취하고 있다.

• be about to (막) ~하려고 하다

• mouse **❷**[ ]

답 ❶ 공격 ❷ 쥐

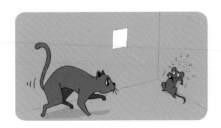

The cat is about to _____ the mouse.

[3~4] 다음 그림표를 보고, 물음에 답하시오.

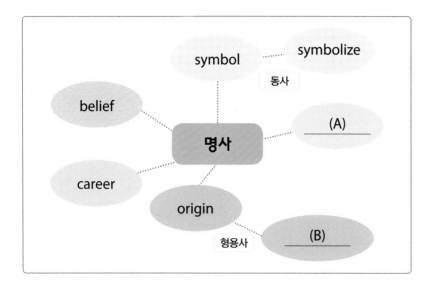

symbol 상징
symbolize ❶ _____
origin 기원, 유래
career 직업, ❷ _____
belief 믿음, 신념, 확신

팁 ❶ 상징하다 ❷ 경력

3 그림표 속 관계를 참고하여 빈칸 (A), (B)에 알맞은 단어를 각각 골라 쓰시오.

dirty	original	personality
harmful	patient	apologize

(A) ➡ _____

(B) ➡ _____

Tip
(A) symbol, origin, career, belief 는 모두 ❶ _____ 이다. (B) 명사인 origin에 접미사 -al을 붙이면 형용사인 ❷ _____ 이 된다.

팁 ❶ 명사 ❷ original

4 위 그림표에서 알맞은 단어를 골라 문장을 완성하시오.

(1)

A four-leaf clover is a _____ of good luck.
ⓒ honobono / Shutterstock

(2)
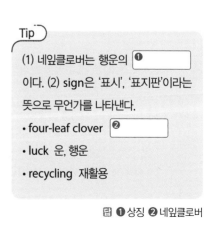
This sign _____s recycling.
ⓒ gabor2100 / Shutterstock

Tip
(1) 네잎클로버는 행운의 ❶ _____ 이다. (2) sign은 '표시', '표지판'이라는 뜻으로 무언가를 나타낸다.
• four-leaf clover ❷ _____
• luck 운, 행운
• recycling 재활용

팁 ❶ 상징 ❷ 네잎클로버

[5~6] 다음 그림표를 보고, 물음에 답하시오.

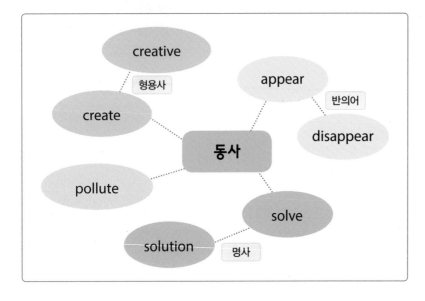

appear 나타나다, 출현하다
disappear **❶**
solve 해결하다, 풀다
solution 해결책, 해법
pollute 오염시키다
create 창조하다, **❷**
creative 창조적인, 창의적인

답 **❶** 사라지다 **❷** 만들어 내다

5 다음 짝 지어진 두 단어의 관계가 같도록 빈칸에 알맞은 단어를 위 그림표에서 찾아 쓰시오.

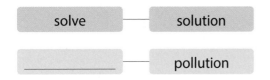

solve	—	solution
_____	—	pollution

Tip
첫 번째 짝인 solve와 solution은 동사와 **❶** 의 관계이다.
• pollution **❷** , 공해

답 **❶** 명사 **❷** 오염

6 다음 〈조건〉에 맞게 문장을 완성하시오.

┌ 조건 ┐
위 그림표에서 단어를 고르되, 아래 영영 풀이를 참고할 것

to come into view suddenly or for the first time

The sun began to _____ from behind some clouds.

Tip
'갑자기 또는 처음으로 **❶** 에 들어오다'라는 의미의 단어를 생각해 본다.
• view 시야, 시력이 미치는 범위
• suddenly 갑자기
• for the first time **❷**

답 **❶** 시야 **❷** 처음으로

[7~8] 다음 그림표를 보고, 물음에 답하시오.

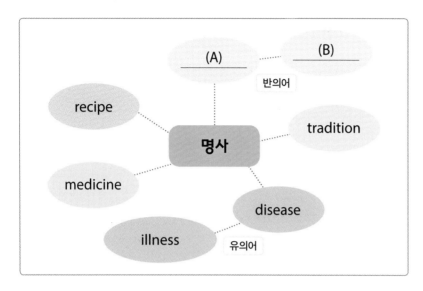

tradition ❶ [   ]

disease 질병, 병

illness 병, 아픔

medicine 의학, ❷ [   ]

recipe 조리(요리)법

답 ❶ 전통 ❷ 약

7 그림표 속 단어 (A)와 (B)의 관계가 되도록 알맞은 단어를 각각 골라 쓰시오.

(A) failure   advantage   drought

(B) risk   cause   disadvantage

➡ (A) _____ : (B) _____

8 다음 〈조건〉에 맞게 문장을 완성하시오.

┌─ 조건 ──────────
위 그림표에서 단어를 고르되, 각각 상자 안의 영영 풀이와 해석을 참고할 것
└─────────────────

(1) It is time to take your _____ .

something that makes you feel better when you're sick

(2) Each country has a special _____ .

각 나라에는 특별한 전통이 있다.

1 다음 영영 풀이에 해당하는 단어로 가장 적절한 것은?

> to tell somebody about something to make it easier to understand

① enter   ② explain

③ achieve   ④ provide

⑤ imagine

2 괄호 안의 영영 풀이를 참고하여, 빈칸에 알맞은 단어를 고르면?

> My dream is to be a scientist. I will make the greatest _____!
> (something that someone has made for the first time)

① solution   ② pollution

③ invention   ④ description

⑤ connection

3 다음 영영 풀이에 해당하는 단어를 주어진 철자로 시작하여 쓰시오.

> to feel jealous of what others have

➡ e_____

4 다음 문장의 빈칸에 알맞은 것은?

> He _____(e)d to the teacher's question politely.

① direct   ② donate

③ connect   ④ respond

⑤ describe

5 우리말을 참고하여 네모 안에서 알맞은 것을 골라 쓰시오.

> Make sure you have the collect / correct information.
> 정확한 정보를 가지고 있는지 확인하십시오.

➡ _____

6 우리말을 참고하여 빈칸에 알맞은 말을 주어진 철자로 시작하여 쓰시오.

> Before I tried bungee jumping, I had to o_____ my fear first.
> 나는 번지 점프를 하기 전에, 먼저 두려움을 극복해야 했다.

7 다음 영영 풀이에 해당하는 단어를 〈보기〉에서 골라 쓰시오.

┤ 보기 ├
freeze   understand   shout   rush

(1) to say something in a loud voice

➡ _____

(2) to move very quickly towards someone or something

➡ _____

8 괄호 안의 영영 풀이를 참고하여, 빈칸에 들어갈 단어를 주어진 철자로 시작하여 쓰시오.

> I need to p_____ for tomorrow's test.
> (to get ready for something)

9 다음 빈칸에 알맞은 말을 〈보기〉에서 골라 쓰시오.

┤ 보기 ├
cancer   breath   donation

© Drawlab19 / Shutterstock

(1) Blood _____s can save many lives.

© BNP Design Studio / Shutterstock

(2) Hold your _____ when you have the hiccups.

10 우리말을 참고하여 빈칸에 알맞은 말을 〈보기〉에서 골라 쓰시오.

┤ 보기 ├
suggestion   complaint   editor

(1) Do you have any _____s?
제안할 만한 것이 있습니까?

(2) We will make a(n) _____ about the noise between floors.
우리는 층간 소음에 관해 항의를 제기할 것이다.

11 다음 글의 빈칸에 알맞은 것은?

I really wanted to eat chicken yesterday. And guess what? When I got home, there was chicken on the table! I jumped in _____.

① director
② invention
③ connection
④ description
⑤ excitement

12 다음 중 밑줄 친 부분의 우리말 풀이가 알맞지 <u>않은</u> 것은?

① We <u>canceled</u> our trip. (취소했다)
② Can you <u>chop</u> the carrots? (다지다)
③ <u>Forgive</u> me for what I did. (꾸짖다)
④ The baby can <u>count</u> to five. (수를 세다)
⑤ We <u>exchanged</u> our photo cards. (교환했다)

13 다음 ⓐ~ⓓ의 영영 풀이 중에 어느 것에도 해당하지 <u>않는</u> 단어는?

ⓐ to feel sorry about something you did
ⓑ to say, write, or do something as an answer
ⓒ to find a way to end a problem or find an answer
ⓓ to get things and keep them together for a particular reason

① solve
② reply
③ regret
④ invent
⑤ collect

14 다음 문장의 네모 안에서 문맥상 알맞은 말을 고르시오.

© miniwide / Shutterstock

The mosquito was right in front of my eyes, but it appeared / disappeared !

15 다음 짝 지어진 단어의 관계가 나머지와 <u>다른</u> 것은?

① weigh – weight

② enter – entrance

③ succeed – successful

④ imagine – imagination

⑤ achieve – achievement

16 다음 빈칸에 공통으로 들어갈 말로 알맞은 것은?

- Please _____ the details.
- Our school _____s bread and milk for breakfast.

① edit ② repair

③ explain ④ provide

⑤ misunderstand

17 다음 대화의 빈칸에 공통으로 알맞은 것을 괄호 안에서 <u>고르시오</u>.

A: How can we _____ pollution?

B: We should not throw trash in rivers or oceans.

A: What else?

B: We should not use too much cleaners such as shampoo.

A: Okay! Let's _____ pollution and protect the Earth together!

➡ (prepare / prevent)

18 다음 글의 빈칸 (A), (B)에 들어갈 동사를 본문에서 찾아 각각 쓰시오. (본문에서 쓰인 동사의 형태가 다를 수 있음)

© Tany Gust / Shutterstock

　Whales are very big animals that live in the water. A blue whale's tongue is the size of an elephant, and its heart is the size of a small car. One large blue whale in the Antarctic Ocean was 30.5 meters long and weighed around 150 tons. Even a baby blue whale is big. It (A) _____s around one ton at birth.

　Whales are very useful animals. They can't breathe underwater, so they come up to the surface for air from time to time. When they come up to (B) _____, they sometimes poop. Their poop becomes food for sea animals near the surface. Whales are also useful for animals in the deep sea. The body of a dead whale falls deep down into the sea. This is a whale fall. It becomes food for many fish there.

(A) ➡ _____

(B) ➡ _____

1 다음 영영 풀이의 빈칸에 알맞은 것은?

illness: the state of being _____

① busy   ② alone
③ angry   ④ strong
⑤ unhealthy

[2~3] 다음 영영 풀이에 해당하는 단어를 주어진 철자로 시작하여 쓰시오.

2

a scientific test to find out something

➡ e_____

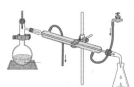

3

an object used for making sounds, for example, a piano or a drum

➡ i_____

4 다음 밑줄 친 단어의 영영 풀이로 알맞은 것은?

© nito / Shutterstock

You must read every detail before you sign anything.

① a lack of sound or noise
② something valuable such as gold or silver
③ a word saying that you are sorry about something
④ a small fact or piece of information about something
⑤ a piece of paper showing that you have bought something

5 다음 대화의 빈칸에 알맞은 것은?

A: This is so delicious! Where did you learn the _____?
B: I found it in a cookbook.

① belief   ② recipe
③ expert   ④ carrier
⑤ planet

6 다음 글의 네모 안에서 문맥상 알맞은 말을 고르시오.

As a singer, her beautiful voice gave her a big advantage / disadvantage . Her singing voice made people feel great, and many people loved her songs.

7 다음 네모 안에서 문맥상 알맞은 말을 각각 골라 쓰시오.

(1) Mom told me to wear a helmet for risk / safety .

➡ _____

(2) Riding a motorcycle without a helmet can put you at risk / safety .

➡ _____

8 괄호 안의 영영 풀이를 참고하여, 빈칸에 들어갈 단어를 주어진 철자로 시작하여 쓰시오.

He looked really p_____ of his exam results.
(very happy and pleased about your achievements)

9 그림을 보고 빈칸에 알맞은 말을 〈보기〉에서 골라 쓰시오.

보기			
seed	effort	origin	sweat

(1) For Arbor Day, children are planting some _____s.

(2) I sometimes wake up in a cold _____ in the middle of the night.

10 다음 글의 밑줄 친 단어가 가진 우리말 뜻을 괄호 안에서 고르시오.

The coach shared her experiences with the players and gave advice to them.

➡ (실험 / 경험)

11 다음 글의 빈칸에 알맞은 것은?

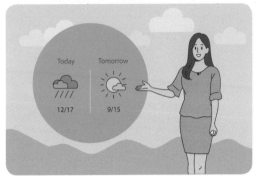

© miniwide / Shutterstock

> Welcome to the weather forecast. Today's highest _____ will be 17℃. It will rain in the afternoon, so don't leave home without your umbrella.

① wave   ② speech

③ tradition   ④ medicine

⑤ temperature

12 다음 중 밑줄 친 부분의 우리말 풀이가 알맞지 <u>않은</u> 것은?

① We <u>apologize</u> for the late delivery. (사과하다)

② The twins have very different <u>personalities</u>. (성격)

③ Everyone in the room was in a <u>state</u> of shock. (상태)

④ Too strong sunlight can be <u>harmful</u> to your skin. (효과적인)

⑤ I still cannot <u>believe</u> he disappeared with my money. (믿다)

13 다음 ⓐ~ⓓ의 영영 풀이 중에 어느 것에도 해당하지 <u>않는</u> 단어는?

> ⓐ relating to the natural world
> ⓑ not speaking or making any noise
> ⓒ something very bad that happens suddenly
> ⓓ a person who has special skill or knowledge in a certain area

① silent   ② expert

③ disaster   ④ respectful

⑤ environmental

14 우리말을 참고하여 빈칸에 알맞은 말을 주어진 철자로 시작하여 쓰시오.

(1) We looked around a *seodang*, a t_____ village school.

우리는 전통적인 마을 학교인 서당을 둘러보았다.

(2) Long ago, people thought Earth was the center of the u_____.

옛날 사람들은 지구가 우주의 중심이라고 생각했다.

© Triff / Shutterstock

15 다음 짝 지어진 단어의 관계가 〈보기〉와 같은 것은?

┌─ 보기 ─────────────────────┐
│ failure – success │
└────────────────────────────┘

① dirt – dirty
② sweat – sweet
③ cause – effect
④ symbol – symbolize
⑤ personal – personality

16 그림을 보고 빈칸에 알맞은 말을 쓰시오.

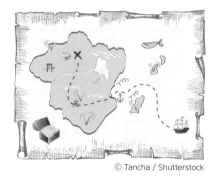

© Tancha / Shutterstock

┌────────────────────────────┐
│ "Look! This map shows where the │
│ _____ is," he said. "I will find a │
│ lot of gold and jewels!" │
└────────────────────────────┘

17 다음 밑줄 친 단어와 바꾸어 쓸 수 있는 것은?

┌────────────────────────────┐
│ He will do anything to treat his daughter's │
│ disease. │
└────────────────────────────┘

① illness
② secret
③ drought
④ respect
⑤ patience

[18~19] 다음 글을 읽고, 물음에 답하시오.

┌────────────────────────────────┐
│ *Letters to the Editor* │
│ **Sodam Park** │
│ **Is for Everyone!** │
│ │
│   Sodam Park is a very important place for me │
│ and many others. I often visit the park for │
│ family picnics. A lot of people relax or exercise │
│ at the park. But these days this lovely place is │
│ getting _____. Some people walk │
│ their dogs without a leash and don't clean up │
│ after their dogs. Some teens leave trash │
│ everywhere. We must keep this park clean. │
│ This is a place for everyone! │
│ │
│ Han Bomi, Dongmun-dong │
└────────────────────────────────┘

18 윗글의 빈칸에 알맞은 것은?

① dirty   ② proud
③ patient   ④ original
⑤ medical

19 다음 영영 풀이에 해당하는 단어를 윗글에서 찾아 쓰시오.

┌────────────────────────────────┐
│ things that you throw away because they │
│ are no longer useful │
└────────────────────────────────┘

➡ _____

어휘

영어전략

중학 1

BOOK 2

이 책의 구성과 활용

이 책은 3권으로 이루어져 있는데
본책인 BOOK1, 2의 구성은 아래와 같아.

주 도입

재미있는 만화를 통해 한 주 동안 학습할 내용이 무엇
인지 미리 살펴봅니다.

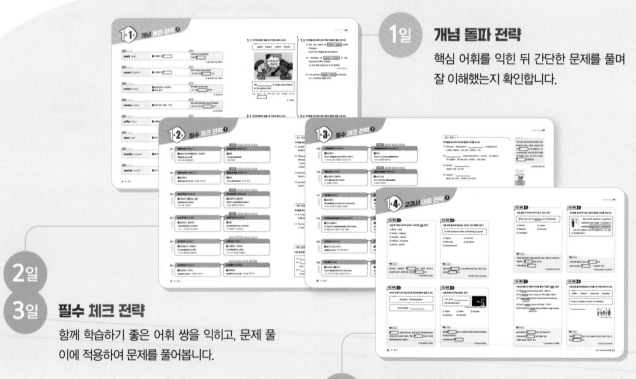

1일 개념 돌파 전략

핵심 어휘를 익힌 뒤 간단한 문제를 풀며
잘 이해했는지 확인합니다.

2일 / 3일 필수 체크 전략

함께 학습하기 좋은 어휘 쌍을 익히고, 문제 풀
이에 적용하여 문제를 풀어봅니다.

4일 교과서 대표 전략

내신 기출 문제의 대표 유형을 풀어 보며 실제 학교 시험
유형을 익힙니다.

주 마무리와 권 마무리의 특별 코너들로
영어 실력이 더 탄탄해질 거야!

주 마무리 코너

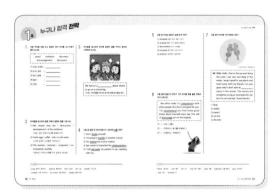

누구나 합격 전략

쉬운 문제를 풀며 앞서 학습한 내용을 정리하고 학습
자신감을 높입니다.

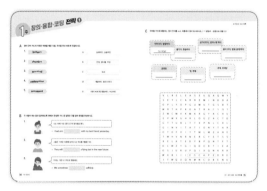

창의·융합·코딩 전략

융복합적 사고력과 문제 해결력을 키울 수 있는 재미
있는 문제를 풀며 한 주의 학습을 마무리합니다.

권 마무리 코너

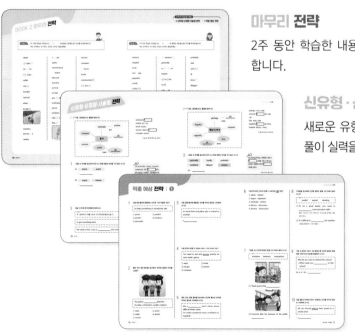

마무리 전략

2주 동안 학습한 내용을 한눈에 정리하며 어휘를 총정리
합니다.

신유형·신경향·서술형 전략

새로운 유형의 다양한 서술형 문제를 풀며 문제
풀이 실력을 키웁니다.

적중 예상 전략

예상 문제를 풀며 실제 학교 시험에
대비합니다.

이 책의 차례

동사 2

😊 그림을 보고, 동사를 찾아 단어의 의미를 추측해 보세요.

엄마, 저는 어떤 거 도와드릴까요?

❶Can you wipe the mirror with these?

❶ wipe 닦다

뒤통수가 따가운데?

❷Someone is staring at us!

❷ stare 응시하다, 빤히 쳐다보다

❸ float 뜨다, 떠가다

❹ invite 초대하다

001 ☐☐☐

apply [əplái]   통 지원하다, ❶ ☐

Quiz
apply to a university
대학에 ❷ ☐

답 ❶ 신청하다 ❷ 지원하다

002 ☐☐☐

expect [ikspékt]   통 기대하다, ❶ ☐

Quiz
Don't **expect** too much.
너무 많은 것을 ❷ ☐ 마라.

답 ❶ 예상하다 ❷ 기대하지

003 ☐☐☐

notice [nóutis]   통 알아차리다, 의식하다
명 주의, 통지

Quiz
He didn't **notice** me.
그는 나를 ☐ 못했다.

답 알아차리지

004 ☐☐☐

remain [riméin]   통 남아 있다, 계속 ~이다

Quiz
You and I should **remain** friends.
너와 나는 친구로 ☐ 한다.

답 남아 있어야

005 ☐☐☐

suffer [sʌfər]   통 고통받다, ❶ ☐

Quiz
suffer from a toothache
치통으로 ❷ ☐

답 ❶ 겪다 ❷ 고통받다

006 ☐☐☐

wipe [waip]   통 닦다 명 닦기

Quiz
Wipe your glasses.
너의 안경을 ☐.

답 닦아라

007 ☐☐☐

transfer [trænsfə́ːr]   통 옮기다, 환승하다

Quiz
transfer from bus to subway
버스에서 지하철로 ☐

답 환승하다

008 ☐☐☐

remind [rimáind]   통 상기시키다, 생각나게 하다

Quiz
Remind me to call my mom.
내게 엄마한테 전화하라고 ☐ 줘.

답 상기시켜

1-1 빈칸에 알맞은 말을 〈보기〉에서 골라 쓰시오.

┌ 보기 ┐
apply   expect   notice   remain

We _____ to make many friends in the guitar club.

해석 | 우리는 기타 동아리에서 많은 친구들을 사귀기를 ☐.

📖 기대한다

1-2 우리말을 참고하여 네모 안에서 알맞은 말을 고르시오.

(1) You are quick to | notice / apply | small changes.
당신은 작은 변화들을 빨리 알아차립니다.

(2) I decided to | expect / remain | in the classroom after school.
나는 방과 후에 교실에 남아 있기로 결정했다.
*decide 결정하다

(3) I am going to | apply / notice | for the job.
나는 그 일자리에 지원할 것이다.

2-1 빈칸에 알맞은 말을 〈보기〉에서 골라 쓰시오.

┌ 보기 ┐
suffer   wipe   transfer   remind

This flower _____ s me of you.

해석 | 이 꽃은 너를 ☐.

📖 생각나게 한다

2-2 우리말을 참고하여 네모 안에서 알맞은 말을 고르시오.

(1) He is | transferring / suffering | from acne.
그는 여드름으로 고통받고 있다.
*acne 여드름

(2) I | reminded / transferred | to Line No.1 at Seoul Station.
나는 서울역에서 1호선으로 환승했다.

(3) Would you | suffer / wipe | the table?
식탁 좀 닦아 주실래요?

009 ☐☐☐

attend [əténd]　　⑧ 참석하다, ❶ [　　　]

Quiz
I want to **attend** this meeting.
나는 이 모임에 ❷ [　　　] 싶다.

답 ❶ 다니다 ❷ 참석하고

010 ☐☐☐

escape [iskéip]　　⑧ 벗어나다, 탈출하다

Quiz
escape from a building
건물에서 [　　　]

답 탈출하다

011 ☐☐☐

mention [ménʃən]　　⑧ 언급하다, ❶ [　　　]

Quiz
Please don't **mention** it again.
다시는 그 일을 ❷ [　　　] 마세요.

답 ❶ 말하다 ❷ 언급하지

012 ☐☐☐

persuade [pərswéid]　　⑧ 설득하다

Quiz
I **persuaded** her to buy this book.
나는 그녀가 이 책을 사도록 [　　　].

답 설득했다

013 ☐☐☐

realize [ríːəlàiz]　　⑧ 깨닫다

Quiz
realize one's mistake
자신의 잘못을 [　　　]

답 깨닫다

014 ☐☐☐

stare [stɛər]　　⑧ 응시하다, 빤히 쳐다보다

Quiz
stare at someone's face
누군가의 얼굴을 [　　　]

답 빤히 쳐다보다

015 ☐☐☐

spread [spred]
[spread - spread]　　⑧ 퍼뜨리다, ❶ [　　　] (벌리다)

Quiz
spread a rumor
루머(근거 없는 소문)를 ❷ [　　　]

답 ❶ 펼치다 ❷ 퍼뜨리다

016 ☐☐☐

recommend [rèkəménd]　　⑧ 추천하다, 권하다

Quiz
recommend a movie
영화를 [　　　]

답 추천하다

3-1 빈칸에 알맞은 말을 〈보기〉에서 골라 쓰시오.

┌ 보기 ┐
attend   escape   mention   persuade
└─────────────────────────┘

She will _____ from prison tomorrow.

해석 | 그녀는 내일 감옥에서 [   ] 것이다.

답 탈출할

3-2 우리말을 참고하여 네모 안에서 알맞은 말을 고르시오.

(1) I want to go to the concert. Please persuade / mention my mom.

콘서트에 가고 싶어요. 엄마를 설득해 주세요.

(2) You have to attend / escape the class meeting because you are the president.

당신은 회장이기 때문에 학급 회의에 참석해야 합니다.

*president 회장, (모임의) 장

(3) He doesn't want to attend / mention his past.

그는 자신의 과거를 언급하기를 원하지 않는다.

*past 과거

4-1 빈칸에 알맞은 말을 〈보기〉에서 골라 쓰시오.

┌ 보기 ┐
realize   stare   spread   recommend
└─────────────────────────┘

Minsu often _____s a good restaurant to me.

해석 | 민수는 종종 나에게 좋은 식당을 [   ] 준다.

답 추천해

4-2 우리말을 참고하여 네모 안에서 알맞은 말을 고르시오.

(1) Why are you spreading / staring at me like that?

너는 왜 그렇게 나를 빤히 쳐다보는 거니?

(2) Don't spread / realize stories that aren't true.

사실이 아닌 이야기를 퍼뜨리지 마라.

(3) She recommended / realized her dream and became a teacher.

그녀는 자신의 꿈을 깨닫고 선생님이 되었다.

A 영어를 우리말로 쓰기

1. transfer _____

2. spread _____

3. apply _____

4. realize _____

5. attend _____

6. recommend _____

7. remain _____

8. mention _____

9. expect _____

10. escape _____

11. suffer _____

12. persuade _____

13. remind _____

14. notice _____

15. stare _____

16. wipe _____

B 우리말을 영어로 쓰기

1. 남아 있다, 계속 ~이다 _____

2. 참석하다, 다니다 _____

3. 닦다, 닦기 _____

4. 언급하다, 말하다 _____

5. 고통받다, 겪다 _____

6. 지원하다, 신청하다 _____

7. 응시하다, 빤히 쳐다보다 _____

8. 추천하다, 권하다 _____

9. 알아차리다, 의식하다, 주의, 통지 _____

10. 벗어나다, 탈출하다 _____

11. 설득하다 _____

12. 깨닫다 _____

13. 퍼뜨리다, 펼치다(벌리다) _____

14. 옮기다, 환승하다 _____

15. 상기시키다, 생각나게 하다 _____

16. 기대하다, 예상하다 _____

C 빈칸에 알맞은 표현 고르기

1.

Some parents will _____ their kids' classes.

① spread   ② remind   ③ attend

parent 부모
medical 의학의
enemy ❶
attack ❷
fly away 날아가다

답 ❶적 ❷공격

2.

He _____ to medical school and became a doctor.

① applied   ② mentioned   ③ recommended

3.

The bird _____ from its enemy's attack and flew away.

① wiped   ② escaped   ③ persuaded

D 영영 풀이에 해당하는 단어 고르기

1.

to experience bodily or mental pain

① stare   ② suffer   ③ realize

bodily 신체의
mental 정신의
pain 아픔, ❶
still 아직, 여전히
same 같은, 동일한
situation ❷

답 ❶고통 ❷상황

2.

to be still in the same situation

① remain   ② notice   ③ transfer

3.

to think that something will happen

① apply   ② spread   ③ expect

| 파생어 | 반의어 | 유의어 | 혼동어 |

017 behave [bihéiv]

동 (예의 바르게) 행동하다, 처신하다
Behave yourself!
예의 바르게 행동해라!

behavior [bihéivjər]

명 행동
strange **behavior**
이상한 행동

| 파생어 | 반의어 | 유의어 | 혼동어 |

018 discover [diskʌ́vər]

동 발견하다
discover the truth 진실을 발견하다

discovery [diskʌ́vəri]

명 발견
a new **discovery** 새로운 발견

| 파생어 | 반의어 | 유의어 | 혼동어 |

019 practice [præktis]

동 연습하다 명 연습, 실행
practice the piano
피아노를 연습하다

practical [præktikəl]

형 실제적인, 실용적인
Math is a **practical** subject.
수학은 실용적인 과목이다.

| 파생어 | 반의어 | 유의어 | 혼동어 |

020 survive [sərváiv]

동 살아남다, 생존하다
I **survived** the accident.
나는 그 사고에서 살아남았다.

survival [sərváivəl]

명 생존
My **survival** was a miracle.
나의 생존은 기적이었다.

| 파생어 | 반의어 | 유의어 | 혼동어 |

021 accept [æksépt]

동 받아들이다, 인정하다
He **accepted** my offer.
그는 내 제안을 받아들였다.

refuse [rifjúːz]

동 거절하다, 거부하다
He **refused** my offer.
그는 나의 제안을 거절했다.

| 파생어 | 반의어 | 유의어 | 혼동어 |

022 protect [prətékt]

동 보호하다, 지키다
protect nature 자연을 보호하다

predict [pridíkt]

동 예측하다
predict the results 결과를 예측하다

필수 예제 1

우리말을 참고하여 빈칸에 알맞은 단어를 쓰시오.

(1) accept – _____

받아들이다, 인정하다 – 거절하다, 거부하다

(2) behave : behavior = _____ : discovery

(예의 바르게) 행동하다, 처신하다 : 행동 = 발견하다 : 발견

= survive : _____

= 살아남다, 생존하다 : 생존

(3) practice – _____

연습하다, 연습, 실행 – 실제적인, 실용적인

(4) protect – _____

보호하다, 지키다 – 예측하다

확인 문제 1-1

우리말을 참고하여 밑줄 친 표현이 맞으면 ○, 틀리면 ×에 표시하시오.

(1) It is hard to <u>protect</u> the future. (○ / ×)

미래를 예측하기는 어렵다.

(2) The boy <u>behaved</u> very badly in the restaurant. (○ / ×)

그 소년은 식당에서 아주 예의 없게 행동했다.

Words
hard 어려운
future 미래
badly 나쁘게, 심하게
restaurant 식당

확인 문제 1-2

다음 영영 풀이에 해당하는 단어를 주어진 철자로 시작하여 쓰시오.

(1) a_____ : to agree to a proposal

(2) d_____ : the process of finding or learning something new

(3) r_____ : to express that you don't want to do something

Words
agree 동의하다
proposal 제안
process 과정
express 표현하다

파생어　반의어　유의어　혼동어

023

motivate [móutəvèit]

통 동기를 부여하다
Fun activities **motivate** students.
재미있는 활동은 학생들에게 동기를 부여한다.

motive [móutiv]

명 동기, 이유
What is your **motive** for lying?
거짓말을 하게 된 동기는 무엇입니까?

파생어　반의어　유의어　혼동어

024

prove [pruːv] [proved - proven]

통 입증하다, 증명하다
She **proved** that she was right.
그녀는 자신이 옳았다는 것을 입증했다.

proof [pruːf]

명 증거, 증명
Do you have any **proof**?
증거 있나요?

파생어　반의어　유의어　혼동어

025

produce [prədjúːs]

통 생산하다
Bees **produce** honey.
벌은 꿀을 생산한다.

product [prádʌkt]

명 생산물, 상품
buy a **product**
상품을 구입하다

파생어　반의어　유의어　혼동어

026

relate [riléit]

통 관련시키다, 연관시키다
Don't try to **relate** the problem to me.
그 문제를 내게 관련시키려 하지 마.

related [riléitid]

형 관련된
K-pop and **related** cultural industries
케이 팝 그리고 관련된 문화 산업

파생어　반의어　유의어　혼동어

027

float [flout]

통 뜨다, 떠가다
Ice **floats** on water.
얼음은 물 위에 뜬다.

sink [siŋk] [sank - sunk]

통 가라앉다
sink underwater
물 아래로 가라앉다

파생어　반의어　유의어　혼동어

028

recover [rikʌ́vər]

통 회복하다, 되찾다
recover from illness 병에서 회복하다

restore [ristɔ́ːr]

통 복원하다, 회복하다
restore one's health 건강을 회복하다

필수 예제 2

우리말을 참고하여 빈칸에 알맞은 단어를 쓰시오.

(1) _____ – sink

뜨다, 떠가다 – 가라앉다

(2) _____ – restore

회복하다, 되찾다 – 복원하다, 회복하다

(3) motivate : _____ = prove : proof

동기를 부여하다 : 동기, 이유 = 입증하다, 증명하다 : 증거, 증명

= _____ : product

= 생산하다 : 생산물, 상품

(4) relate – _____

관련시키다, 연관시키다 – 관련된

Guide

(1)은 **①** [ ] 관계에 있는 단어이며, (2)는 **②** [ ] 관계에 있는 단어이다. (3)은 동사와 명사로 이루어져 있으며, (4)는 동사와 형용사로 이루어져 있다.

답 **①** 반의어 **②** 유의어

확인 문제 2-1

우리말을 참고하여 밑줄 친 표현이 맞으면 O, 틀리면 ✕에 표시하시오.

(1) It takes time to recover from sickness. (O / ✕)

병에서 회복하려면 시간이 걸린다.

(2) We should not use plastic products. (O / ✕)

우리는 플라스틱으로 된 상품을 사용해서는 안 된다.

Words

take time 시간이 걸리다
sickness 병, 아픔
plastic 플라스틱

© Sabelskaya / Shutterstock

확인 문제 2-2

다음 영영 풀이에 해당하는 단어를 주어진 철자로 시작하여 쓰시오.

(1) s_____ : to go under the surface of water
(2) f_____ : to stay above the surface of water
(3) p_____ : information or evidence that shows the truth of something

Words

surface 표면
stay 계속 있다, 머무르다
above ~ 위에, ~ 위로
evidence 증거

1 다음 중 품사가 나머지와 <u>다른</u> 것은?

① related   ② behave   ③ produce

④ discover   ⑤ motivate

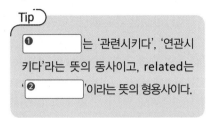

Tip

❶   는 '관련시키다', '연관시키다'라는 뜻의 동사이고, related는 '❷   '이라는 뜻의 형용사이다.

답 ❶ relate ❷ 관련된

2 다음 우리말을 영어로 옮길 때, 빈칸에 알맞은 말을 쓴 학생은?

> 그의 말과 행동이 내 하루의 기분을 정한다.
> ➡ His words and _____ set my mood for the day.

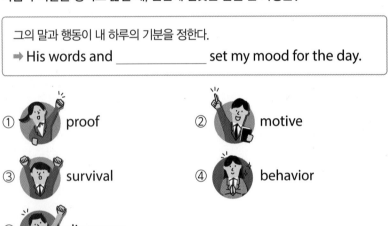

① proof   ② motive

③ survival   ④ behavior

⑤ discovery

Tip

❶   는 '말'이라는 뜻이므로, '그의 말과 ❷   '이라는 내용이 되도록 '행동'을 뜻하는 단어를 생각해 본다.

답 ❶ word ❷ 행동

Words
set 정하다, 결정하다
mood 기분

© Turn_around_around / Shutterstock

3 다음 문장의 밑줄 친 부분과 의미가 반대되는 것은?

> You have to <u>accept</u> that the world is not fair.

① sink   ② predict   ③ refuse

④ restore   ⑤ practice

Tip

세상이 ❶   않다는 것을 ❷   한다는 내용이다.

답 ❶ 공평하지 ❷ 받아들여야

Words
fair 공평한

4 우리말을 참고하여 빈칸에 알맞은 말을 〈보기〉에서 골라 쓰시오.

© Shaber / Shutterstock

┌ 보기 ┐

| float | protect | survive | prove |

Some animals sleep to _____ the harsh winter.

어떤 동물은 혹독한 겨울에서 살아남기 위해 잠을 잔다.

5 우리말을 참고하여 대화문을 완성하시오.

A: I need to buy some Christmas presents. What should I buy?

(크리스마스 선물을 좀 사야 해. 뭘 사야 할까?)

B: Well, how about hand cream? It's _____.

(음, 핸드크림은 어때? 실용적이잖아.)

029 compare [kəmpέər]

파생어 반의어 유의어 혼동어

comparison [kəmpǽrisn]

⑧ 비교하다

Don't **compare** yourself to others.

너 자신을 다른 사람들과 비교하지 마.

⑲ 비교

That is a wrong **comparison**.

그것은 잘못된 비교이다.

---

030 discuss [diskʌ́s]

파생어 반의어 유의어 혼동어

discussion [diskʌ́ʃən]

⑧ 논의하다, 토론하다

Let's **discuss** the matter.

그 문제를 논의하자.

⑲ 논의, 상의

Let's start the **discussion**.

논의를 시작하자.

---

031 invite [inváit]

파생어 반의어 유의어 혼동어

invitation [ìnvitéiʃən]

⑧ 초대하다

We **invited** our parents to the party.

우리는 파티에 부모님을 초대했다.

⑲ 초대, 초대장

He will accept my **invitation**.

그는 내 초대를 받아들일 것이다.

---

032 communicate [kəmjúːnəkèit]

파생어 반의어 유의어 혼동어

communication [kəmjùːnəkéiʃən]

⑧ 의사소통하다

It's hard to **communicate** with babies.

아기들과 의사소통하는 것은 어렵다.

⑲ 의사소통, 연락

good **communication** skills

훌륭한 의사소통 기술

---

033 reduce [ridʒúːs]

파생어 반의어 유의어 혼동어

increase [inkríːs]

⑧ 줄이다, 감소시키다

reduce waste 쓰레기를 줄이다

⑧ 증가하다, 증가시키다

increase the risk 위험을 증가시키다

---

034 doubt [daut]

파생어 반의어 유의어 혼동어

debt [det]

⑧ 의심하다 ⑲ 의심

I don't **doubt** that she will come.

나는 그녀가 올 것을 의심하지 않는다.

⑲ 빚, 부채

pay off a **debt**

빚을 갚다

필수 예제 3

우리말을 참고하여 빈칸에 알맞은 단어를 쓰시오.

(1) discuss : discussion = _____ : comparison

논의하다, 토론하다 : 논의, 상의 = 비교하다 : 비교

(2) _____ : communication = invite : invitation

의사소통하다 : 의사소통, 연락 = 초대하다 : 초대, 초대장

(3) doubt − _____

의심하다, 의심 − 빚, 부채

(4) reduce − _____

줄이다, 감소시키다 − 증가하다, 증가시키다

확인 문제 3-1

우리말을 참고하여 밑줄 친 표현이 맞으면 ○, 틀리면 ×에 표시하시오.

(1) <u>Communication</u> is important in every relationship. (○ / ×)
의사소통은 모든 관계에서 중요하다.

(2) We had a <u>comparison</u> about who is the best singer. (○ / ×)
우리는 누가 최고의 가수인지에 대한 논의를 했다.

Words

relationship 관계
best 최고의
singer 가수

확인 문제 3-2

다음 영영 풀이에 해당하는 단어를 주어진 철자로 시작하여 쓰시오.

(1) d_____ : money that you owe
(2) i_____ : to ask someone to attend an event
(3) d_____ : to be uncertain about something

Words

owe 빚지고 있다
event 행사
uncertain 확신이 없는

035 decorate [dékərèit]

파생어 · 반의어 · 유의어 · 혼동어

decoration [dèkəréiʃən]

통 꾸미다, 장식하다

Let's **decorate** our diaries.

우리의 일기장을 꾸미자.

명 장식, 장식품

a pretty **decoration** on the wall

벽에 걸린 예쁜 장식

036 destroy [distrɔ́i]

파생어 · 반의어 · 유의어 · 혼동어

destruction [distrʌ́kʃən]

통 파괴하다

War **destroys** people's lives.

전쟁은 사람들의 삶을 파괴한다.

명 파괴

environmental **destruction**

환경 파괴

037 argue [áːrgjuː]

파생어 · 반의어 · 유의어 · 혼동어

argument [áːrgjumənt]

통 논쟁하다, 말다툼하다

He always **argues** with his brother.

그는 항상 그의 남동생과 말다툼한다.

명 언쟁, 말다툼, 주장

I don't like **arguments**.

나는 언쟁을 좋아하지 않는다.

038 develop [divéləp]

파생어 · 반의어 · 유의어 · 혼동어

development [divéləpmənt]

통 개발하다, 발전시키다

He **developed** new products.

그는 신상품을 개발했다.

명 개발, 발달

economic **development**

경제 개발

039 encourage [inkɔ́ːridʒ]

파생어 · 반의어 · 유의어 · 혼동어

encouragement [inkɔ́ːridʒmənt]

통 격려하다, 용기를 북돋우다

My mom **encouraged** me.

엄마는 나를 격려해 주셨다.

명 격려

I need some words of **encouragement**.

나는 격려의 말이 필요하다.

040 arrest [ərést]

파생어 · 반의어 · 유의어 · 혼동어

release [rilíːs]

통 체포하다

arrest a criminal   범인을 체포하다

통 풀어 주다, 발표(공개)하다

release a criminal   범인을 풀어 주다

필수 예제 4

우리말을 참고하여 빈칸에 알맞은 단어를 쓰시오.

(1) develop : _____ = encourage : encouragement
    개발하다, 발전시키다 : 개발, 발달 = 격려하다, 용기를 북돋우다 : 격려

    = _____ : argument
    = 논쟁하다, 말다툼하다 : 언쟁, 말다툼, 주장

(2) decorate : _____ = destroy : destruction
    꾸미다, 장식하다 : 장식, 장식품 = 파괴하다 : 파괴

(3) _____ – release
    체포하다 – 풀어 주다, 발표(공개)하다

Guide

(1)과 (2)는 동사와 명사의 관계이다. (1)은 동사에 접미사 ❶ [_____]가 붙어 명사가 된 형태이고, (2)는 동사에 접미사 -(t)ion이 붙어 명사가 된 형태이다. (3)은 두 단어 모두 ❷ [_____]로 서로 반대되는 의미가 있다.

답 ❶ -ment ❷ 동사

© Africa Studio / Shutterstock

확인 문제 4-1

우리말을 참고하여 밑줄 친 표현이 맞으면 O, 틀리면 ×에 표시하시오.

(1) My friends and family always <u>decorate</u> me. (O / ×)
    나의 친구들과 가족들은 항상 나를 격려해 준다.

(2) We need to <u>develop</u> the most efficient way to study. (O / ×)
    우리는 가장 효율적인 공부 방법을 개발할 필요가 있다.

Words
always 항상
efficient 효율적인
way 방법

© Getty Images Bank

확인 문제 4-2

다음 영영 풀이에 해당하는 단어를 주어진 철자로 시작하여 쓰시오.

(1) a_____ : to take a criminal to a police station
(2) a_____ : a disagreement between people with different opinions
(3) r_____ : to let someone come out of a place such as a prison

Words
take A to B A를 B로 데려가다
disagreement 의견 충돌(차이)
opinion 의견
come out of ~에서 나오다
prison 감옥, 교도소

필수 체크 전략 ②

1 다음 영영 풀이에 해당하는 단어로 가장 적절한 것은?

> to harm something badly so that it no longer exists

① discuss   ② destroy   ③ compare

④ develop   ⑤ encourage

2 그림을 보고 괄호 안에서 알맞은 표현을 고르시오.

© Olga_Se / Shutterstock

> A food stylist (argues / decorates) food to make it look good for pictures.

3 밑줄 친 단어에 유의하며 다음 문장을 우리말로 해석하시오.

> We <u>communicate</u> with each other in English.

➡ _____

>> 정답과 해설 **28쪽**

4 다음 우리말을 영어로 바르게 옮긴 학생은?

우리는 초대 카드를 만들 거예요.

 ① We are going to make a discussion card.

 ② We are going to make an invitation card.

 ③ We are going to make a decoration card.

 ④ We are going to make a development card.

 ⑤ We are going to make an encouragement card.

© Turn_around_around / Shutterstock

5 다음 대화의 빈칸에 공통으로 들어갈 말을 〈보기〉에서 골라 쓰시오.

© isaree / Shutterstock

┌ 보기 ┐
| arrest | reduce | release | increase |

A: How can I _____ my weight?
B: Walk for an hour every day. It can _____ your body fat.

➡ _____

Words
weight 몸무게
hour 1시간
body fat 체지방

대표 예제 1

다음 짝 지어진 단어의 관계가 나머지와 <u>다른</u> 것은?

① float – sink
② arrest – release
③ accept – refuse
④ reduce – increase
⑤ prove – proof

개념 Guide

prove는 '입증하다', '❶[   ]'라는 의미의 동사이고, proof는 '증거', '증명'이라는 의미의 ❷[   ]이다.

🔑 ❶ 증명하다 ❷ 명사

대표 예제 2

다음 영영 풀이에 해당하는 단어로 가장 적절한 것은?

> to tell someone that something is good

① argue   ② survive
③ discover   ④ produce
⑤ recommend

개념 Guide

'어떤 것이 ❶[   ]고 누군가에게 말하다'라는 의미가 있는 단어는 ❷[   ]이다.

🔑 ❶ 좋다 ❷ recommend

대표 예제 3

단어의 관계가 〈보기〉와 같도록 빈칸에 알맞은 말을 쓰시오.

┤ 보기 ├
> develop – development

> encourage – _____

개념 Guide

'❶[   ]', '발전시키다'라는 뜻의 동사인 develop에 명사형 접미사인 -ment가 붙어, '개발', '❷[   ]'이라는 의미의 development가 되었다.

🔑 ❶ 개발하다 ❷ 발달

대표 예제 4

다음 문장의 빈칸에 알맞은 것은?

> Can you _____ the blackboard?

© Impact Photography / Shutterstock

① wipe   ② stare   ③ escape
④ destroy   ⑤ transfer

개념 Guide

칠판을 ❶[   ] 달라고 요청하는 문장이 되도록 빈칸에 들어갈 말을 생각해 본다.

• blackboard ❷[   ]

🔑 ❶ 닦아 ❷ 칠판

대표 예제 5

다음 밑줄 친 단어와 바꾸어 쓸 수 있는 것은?

> What can I do to restore our friendship?

① doubt
② relate
③ behave
④ recover
⑤ compare

개념 Guide

우정을 회복하려면 어떻게 해야 할지 묻는 내용으로, restore는 '복원하다', '❶⬚⬚⬚⬚⬚'라는 뜻이다.

• friendship ❷⬚⬚⬚⬚

🔟 ❶ 회복하다 ❷ 우정

대표 예제 6

우리말을 참고하여 네모 안에서 알맞은 단어를 고르시오.

My math teacher is getting married next week. I received a wedding argument / invitation .

나의 수학 선생님이 다음 주에 결혼하신다. 나는 결혼식 초대장을 받았다.

개념 Guide

'초대장'에 해당하는 명사는 ❶⬚⬚⬚⬚이다.

• get married ❷⬚⬚⬚⬚
• receive 받다

🔟 ❶ invitation ❷ 결혼하다

대표 예제 7

다음 중 밑줄 친 부분의 우리말 풀이가 알맞지 않은 것은?

① I'll prove you are innocent. (증명하다)
② He spread out a map on the table. (펼쳤다)
③ I'll persuade him to stay home tomorrow. (강요하다)
④ Don't expect me to do that. (기대하다)
⑤ It is hard to notice the problems right away. (알아차리다)

개념 Guide

persuade는 '❶⬚⬚⬚⬚'라는 의미의 동사이다.

• innocent ❷⬚⬚⬚⬚, 아무 잘못이 없는
• right away 곧바로, 즉시

🔟 ❶ 설득하다 ❷ 결백한

대표 예제 8

다음 영영 풀이에 해당하는 단어를 〈보기〉에서 골라 쓰시오.

┌ 보기 ┐
suffer   attend   motivate   develop

to go to a place, event, or meeting

➡ _____

© Getty Images Bank

개념 Guide

'어떤 ❶⬚⬚⬚⬚, 행사, 또는 모임에 가다'라는 의미가 있는 단어는 ❷⬚⬚⬚⬚이다.

🔟 ❶ 장소 ❷ attend

대표 예제 9

다음 문장의 네모 안에서 문맥상 알맞은 말을 고르시오.

> The man is in jail because he couldn't pay his debt / doubt .

개념 Guide

남자가 ❶ [   ]에 있는 이유를 생각해 본다.

• jail 감옥 • pay 지불하다, ❷ [   ]

답 ❶ 감옥 ❷ 갚다

대표 예제 10

다음 밑줄 친 우리말을 영어로 바르게 옮긴 것은?

> A: We need to <u>논의하다</u> what we are going to do on our trip to Busan.
> B: Okay. Let's search for some things to do there.

① apply   ② discuss
③ realize   ④ mention
⑤ communicate

개념 Guide

부산 여행에서 무엇을 할지 논의하자는 내용의 대화가 되도록, '❶ [   ]', '토론하다'라는 의미가 있는 동사를 생각해 본다.

• trip 여행 • search ❷ [   ]

답 ❶ 논의하다 ❷ 찾아보다

대표 예제 11

다음 문장의 빈칸에 알맞은 것은?

> The rivals became friends and _____ so for the rest of their lives.

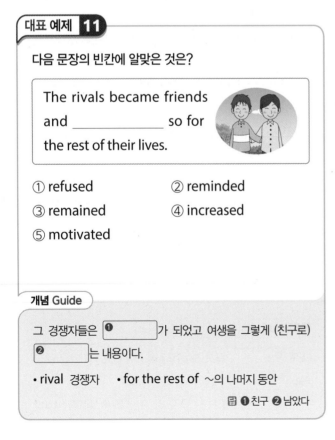

① refused   ② reminded
③ remained   ④ increased
⑤ motivated

개념 Guide

그 경쟁자들은 ❶ [   ]가 되었고 여생을 그렇게 (친구로) ❷ [   ]는 내용이다.

• rival 경쟁자 • for the rest of ~의 나머지 동안

답 ❶ 친구 ❷ 남았다

대표 예제 12

다음 글의 빈칸에 알맞은 말을 〈보기〉에서 골라 쓰시오.

> 보기
> invite   arrest   compare   reduce

> The movie is a little different from the story in the book. So it will be fun to _____ them.

개념 Guide

영화와 책의 내용이 조금 달라서, 그 둘을 ❶ [   ]하는 것이 재미있을 것이라는 내용이다.

• a little 약간, 조금 • different from ~와 ❷ [   ]

답 ❶ 비교 ❷ 다른

대표 예제 13

우리말을 참고하여 빈칸에 알맞은 말을 주어진 철자로 시작하여 쓰시오.

> If you do not b_____, I will call your parents.
>
> 만약 네가 예의 바르게 행동하지 않는다면, 나는 너의 부모님께 전화할 거야.

개념 Guide

❶ [_____] 는 '만약 ~한다면'이라는 뜻이므로, 빈칸에는 '❷ [_____]'라는 의미가 있는 동사가 필요하다.

답 ❶ if ❷ (예의 바르게) 행동하다

대표 예제 14

다음 글의 빈칸에 알맞은 것은?

> Magellan's voyage proved that the world is round. This _____ shocked everyone.

① survival   ② product
③ discovery   ④ destruction
⑤ encouragement

개념 Guide

• voyage 여행, ❶ [_____]   • round 둥근
• shock ❷ [_____], 깜짝 놀라게 하다

답 ❶ 항해 ❷ 충격을 주다

대표 예제 15

우리말을 참고하여 빈칸에 알맞은 말을 각각 쓰시오.

> A: Yay! It's Christmas tomorrow.
> (야호! 내일은 크리스마스야.)
> B: Let's (1) _____ the Christmas tree today!
> (오늘 크리스마스트리를 꾸미자!)
> A: That sounds great! I will put pretty (2) _____s on the tree.
> (좋은 생각이야! 나는 나무에 예쁜 장식을 달게.)

개념 Guide

두 사람은 크리스마스를 맞이하기 위해 예쁜 ❶ [_____]으로 크리스마스트리를 ❷ [_____] 예정이다.

답 ❶ 장식 ❷ 꾸밀

대표 예제 16

다음 중 밑줄 친 단어의 의미가 순서대로 나열된 것은?

> • I practice soccer every Monday.
> • I wish I could predict the future.
> • You should protect yourself from danger.

① 예측하다 – 보호하다 – 연습하다
② 연습하다 – 예측하다 – 보호하다
③ 연습하다 – 보호하다 – 예측하다
④ 예측하다 – 연습하다 – 보호하다
⑤ 보호하다 – 예측하다 – 연습하다

개념 Guide

• wish ❶ [_____], 원하다, 바라다
• danger ❷ [_____]

답 ❶ ~이면 좋겠다 ❷ 위험

1 다음 영영 풀이에 해당하는 단어로 가장 적절한 것은?

> to do something repeatedly to become good at it

① prove   ② discuss   ③ recover
④ practice   ⑤ produce

Tip
'무언가를 잘하기 위해 그것을 ❶ [　　　] 하다'라는 의미가 있는 단어는 ❷ [　　　] 이다.

🖪 ❶ 반복적으로 ❷ practice

Words repeatedly 반복적으로, 반복해서
good at ~을 잘하는

2 그림을 보고 괄호 안에서 알맞은 표현을 고르시오.

> He (refused / accepted) to eat healthy vegetables such as cucumbers and bell peppers.

Tip
그림 속 남자아이는 오이, 피망과 같은 ❶ [　　　]에 좋은 채소를 먹는 것을 ❷ [　　　] 있다.

🖪 ❶ 건강 ❷ 거부하고

Words healthy 건강한, 건강에 좋은
vegetable 채소, 야채
cucumber 오이
bell pepper 피망

3 우리말을 참고하여 빈칸에 알맞은 말을 〈보기〉에서 골라 쓰시오.

┌ 보기 ┐
　　mention　　notice　　related

(1) Learn skills ＿＿＿＿＿＿ to your interests.
당신의 흥미와 관련된 기술을 배우세요.

(2) He didn't ＿＿＿＿＿＿ anything about his family.
그는 가족에 대해서 아무런 언급도 하지 않았다.

Tip
동사로 mention은 '❶ [　　　]', '말하다'라는 뜻이고, notice는 '알아차리다', '의식하다'라는 뜻이다. related는 '❷ [　　　]'이라는 뜻의 형용사이다.

🖪 ❶ 언급하다 ❷ 관련된

Words interest 흥미, 관심

4 우리말을 참고하여 빈칸에 알맞은 말을 주어진 철자로 시작하여 쓰시오.

We can r_____ waste by upcycling and recycling.

우리는 업사이클링과 재활용을 통해 쓰레기를 줄일 수 있다.

Tip

'쓰레기를 ❶[____]'라는 표현을 완성하려면 '쓰레기'를 뜻하는 **waste** 앞에 '줄이다'를 뜻하는 동사인 ❷[____] 가 필요하다.

🖉 ❶ 줄이다 ❷ reduce

Words waste 쓰레기
upcycle 업사이클(재활용품에 디자인과 활용성을 더해 가치를 높이는 일)하다
recycle 재활용하다

5 밑줄 친 단어의 의미로 알맞은 것을 〈보기〉에서 골라 기호로 쓰시오.

┌─ 보기 ┐
ⓐ 보호하다　　ⓑ 추천하다　　ⓒ 벌리다
└──────────────────────────┘

(1) Spread your arms so I can hug you.

➡ _____

(2) I recommend eating *hotteok* in winter.

➡ _____

(3) We have to protect animals.

➡ _____

Tip

(1)은 안을 수 있게 ❶[____]을 벌리라는 내용이고, (2)는 겨울에 호떡을 먹는 것을 ❷[____]하는 내용이다. (3)은 동물을 보호해야 한다는 내용이다.

🖉 ❶ 팔 ❷ 추천

Words hug 껴안다, 포옹하다

6 다음 글의 빈칸에 문맥상 알맞은 것은?

Students plan to visit a nursing home and spend some time with the people there.

 Let's give them some gifts.

 Good idea. But how can we get the money?

 We can raise money in a fun way. Each student brings a special item to school and sells it to someone else.

 Sounds good. Let's _____ our parents and teachers, too.

  That'll be great.

---

① wipe　　　　② stare
③ invite　　　 ④ escape
⑤ destroy

Tip

학생들이 ❶[____]을 방문하는 데 필요한 돈을 구할 방법에 관해 이야기하고 있다. 각 학생이 특별한 물건을 가져와 다른 사람에게 파는 행사를 계획하고 부모님과 선생님들도 ❷[____]는 내용이다.

🖉 ❶ 양로원 ❷ 초대하자

Words visit 방문하다
nursing home 양로원
spend (시간을) 보내다
gift 선물
raise (돈, 사람 등을) 모으다
item 물품, 물건

1 다음 우리말 뜻을 보고 알맞은 영어 단어를 〈보기〉에서 골라 쓰시오.

┌─ 보기 ─────────────────────────┐
    proof   invitation   discovery
       encouragement   discussion
└───────────────────────────────┘

(1) 초대, 초대장 ➡ _____

(2) 논의, 상의 ➡ _____

(3) 증거, 증명 ➡ _____

(4) 발견 ➡ _____

(5) 격려 ➡ _____

2 우리말을 참고하여 괄호 안에서 알맞은 말을 고르시오.

(1) We should stop the (destruction / development) of the rainforest.
우리는 열대 우림의 파괴를 멈춰야 한다.

(2) Fresh eggs (suffer / sink) in salt water.
신선한 달걀은 소금물에 가라앉는다.

(3) The teacher (restored / compared) our homework carefully.
선생님은 우리의 숙제를 주의 깊게 비교하셨다.

3 우리말을 참고하여 빈칸에 알맞은 말을 주어진 철자로 시작하여 쓰시오.

┌───────────────────────────────┐
│ We had an a_____ about where │
│ to go on a school trip.   │
│ 우리는 수학여행을 어디로 갈지에 대해 말다툼을 했다. │
└───────────────────────────────┘

4 다음 중 밑줄 친 단어의 품사가 나머지와 다른 것은?

① Don't doubt yourself.

② I'm going to transfer to another school.

③ You remind me of your mother.

④ Eye contact is important for communication.

⑤ I will persuade my parents to go camping with me.

───────────────────────────────

Words

2 stop 멈추다, 중단하다   rainforest 열대 우림   fresh 신선한   salt 소금   carefully 주의 깊게

4 another 다른, 또 하나의   eye contact 눈을 마주침   camping 캠핑, 야영

5 다음 중 단어의 철자가 바르게 된 것은?

① remaine (남아 있다, 계속 ~이다)

② rerease (풀어 주다, 발표(공개)하다)

③ decoraition (장식, 장식품)

④ increase (증가하다, 증가시키다)

⑤ pratical (실제적인, 실용적인)

6 다음 글의 밑줄 친 단어가 가진 우리말 뜻을 괄호 안에서 각각 고르시오.

> We often make (1) comparisons with other people. But this is not good for you. I (2) recommend you find three good things about yourself every day. This will (3) encourage you to live happily.

(1) ➡ (비교 / 상품)

(2) ➡ (추천하다 / 동기를 부여하다)

(3) ➡ (인정하다 / 격려하다)

© 2xSamara.com / Shutterstock

7 다음 글의 빈칸에 가장 알맞은 것은?

© Irina Nowa / Shutterstock

> **Mr. Ottis:** Hello, I live in the sea and along the coast. I eat, rest, and sleep in the water. I wrap myself in sea plants and hold hands with my friends. Can you guess why? I don't want to _____ away in the waves. The waves are sometimes as big as mountains for me, but I'm not worried. I have friends!

① float

② realize

③ expect

④ survive

⑤ discover

Words

7 along ~을 따라   coast 해안   rest 쉬다   wrap 싸다, 두르다   plant 식물   hold hands 손을 맞잡다   guess 추측하다

wave 파도   mountain 산

창의·융합·코딩 전략 ①

A 영어 단어 카드의 지워진 부분을 채운 다음, 우리말 뜻과 바르게 연결하시오.

1. behave

2. develop

3. practical

4. uestruction

5. argument

ⓐ 실제적인, 실용적인

ⓑ 언쟁, 말다툼, 주장

ⓒ 파괴

ⓓ 개발하다, 발전시키다

ⓔ (예의 바르게) 행동하다, 처신하다

B 각 사람이 하는 말과 일치하도록 위에서 완성한 카드 중 알맞은 것을 골라 문장을 완성하시오.

1.

나는 어제 가장 친한 친구와 말다툼을 했다.

➡ I had a(n)   with my best friend yesterday.

2.

그들은 가까운 미래에 날아다니는 택시를 개발할 거야.

➡ They will   a flying taxi in the near future.

3.

우리는 가끔 이기적으로 행동해요.

➡ We sometimes   selfishly.

>> 정답과 해설 32쪽

C 우리말 카드에 해당하는 영어 단어를 쓰고, 퍼즐에서 찾아 표시하시오. (→ 방향과 ↓ 방향으로 찾을 것)

벗어나다, 탈출하다	옮기다, 환승하다	상기시키다, 생각나게 하다	풀어 주다, 발표(공개)하다
escape	_____	_____	_____

관련된	빚, 부채	초대, 초대장
_____	_____	_____

V	L	R	E	L	E	A	S	E	U	Q	A	Q	W	Y
S	E	Y	L	C	A	R	R	E	M	I	N	D	D	A
O	P	L	Y	O	P	G	U	M	U	T	G	S	B	T
W	R	T	H	P	K	O	A	T	R	A	C	S	Q	T
Z	W	C	M	V	K	M	K	R	G	Y	A	C	H	U
E	P	W	X	G	H	R	L	O	G	Z	A	C	T	D
G	T	T	U	B	L	T	T	X	P	N	L	C	R	L
G	I	N	V	I	T	A	T	I	O	N	Y	T	A	R
O	T	D	F	X	I	Y	T	M	L	M	Z	A	N	E
T	W	H	V	N	R	N	E	R	C	Y	E	T	S	S
R	E	L	A	T	E	D	Y	B	P	Q	N	T	F	T
D	C	W	Z	Y	G	I	Q	D	E	B	T	I	E	A
O	S	J	U	R	U	P	Q	I	X	Q	N	K	R	R
W	X	B	I	I	I	E	S	C	A	P	E	O	R	E
J	T	W	Q	U	Q	N	M	N	C	O	B	E	N	U

D 우리말을 참고하여 철자의 순서를 바르게 배열하시오.

1. _____ : 뜨다, 떠가다

a f o
l t

2. _____ : 퍼뜨리다, 펼치다(벌리다)

r p a
s e d

3. _____ : 꾸미다, 장식하다

c d e r
a t o e

4. _____ : 생산물, 상품

t u r c
p o d

5. _____ : 고통받다, 겪다

f r u
e s f

6. _____ : 생존

r a l v
s u v i

E 각 사람이 하는 말과 일치하도록 위에서 완성한 단어 중 알맞은 것을 골라 문장을 완성하시오.

1.

물은 생존을 위해 중요해.

➡ Water is important for _____ .

2.

우리는 놀랄 만한 상품을 만들었어요.

➡ We made a remarkable _____ .

3.

배 한 척이 바다 위에 떠 있어.

➡ A boat is _____ ing on the sea.

F 퍼즐을 완성하시오.

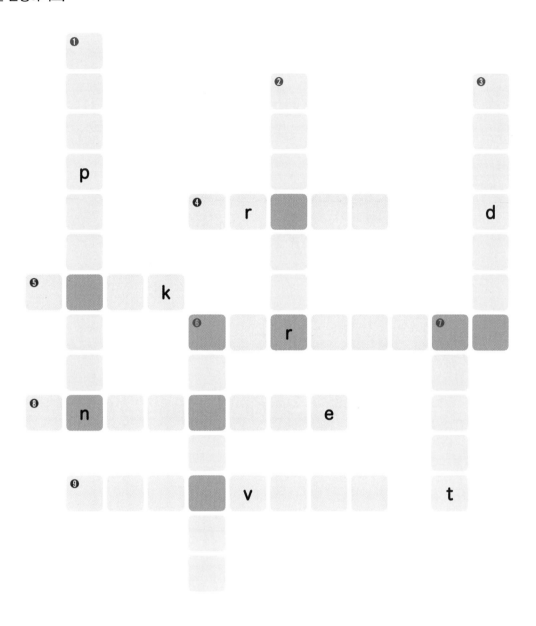

Across ▶

❹ information or evidence that shows the truth of something ⇒ _____

❺ _____ underwater
(물 아래로 가라앉다)

❻ _____ : 설득하다

❽ accept : refuse = _____ : reduce

❾ _____ : 동기를 부여하다

Down ▼

❶ compare의 명사형 ⇒ _____

❷ _____(= restore) from illness
(병에서 회복하다)

❸ Bees _____ honey.
(벌은 꿀을 생산한다.)

❻ _____ : 예측하다

❼ to be uncertain about something
⇒ _____

형용사와 부사

그림을 보고, 형용사 또는 부사를 찾아 단어의 의미를 추측해 보세요.

❶ waterproof 방수의, 물이 스미지 않는

❷ asleep 잠이 든, 자고 있는

❸ familiar 익숙한, 친숙한

❹ lazy 게으른, 나태한

001 □□□

anxious [ǽŋkʃəs]   휑 불안해하는, **❶**⬚

Quiz

I am **anxious** about the test.
나는 시험에 대해 **❷**⬚ 있다.

冒 ❶ 걱정하는 ❷ 불안해하고

002 □□□

hopeful [hóupfəl]   휑 희망에 찬, 기대하는

Quiz

The future seemed **hopeful**.
미래는 ⬚ 보였다.

冒 희망에 차

003 □□□

local [lóukəl]   휑 지역의, **❶**⬚

Quiz

local food
❷⬚ 음식

冒 ❶ 현지의 ❷ 지역

004 □□□

average [ǽvəridʒ]   휑 평균의, 평균적인   명 평균

Quiz

an **average** score
⬚ 점수

冒 평균

005 □□□

peaceful [píːsfəl]   휑 평온한, 평화로운

Quiz

a **peaceful** life
⬚ 삶

冒 평화로운

006 □□□

worth [wəːrθ]   휑 ~할 가치가 있는, **❶**⬚

Quiz

It is **worth** the effort.
그것은 노력할 **❷**⬚.

冒 ❶ ~해 볼 만한 ❷ 가치가 있다

007 □□□

cultural [kʌ́ltʃərəl]   휑 문화의, 문화적인

Quiz

a **cultural** difference
⬚ 차이

冒 문화적인

008 □□□

surprisingly [sərpráiziŋli]   휁 의외로, 놀랍게도

Quiz

Surprisingly, he did his homework.
⬚ 그는 숙제를 했다.

冒 놀랍게도

1-1 빈칸에 알맞은 말을 〈보기〉에서 골라 쓰시오.

┌ 보기 ┐
anxious hopeful local average

My mom buys fruit at the _____ market.

해석 | 우리 엄마는 [   ] 시장에서 과일을 사신다.

🔖 지역

1-2 우리말을 참고하여 네모 안에서 알맞은 말을 고르시오.

(1) She gave a(n) | hopeful / anxious | smile.

그녀는 희망에 찬 미소를 지었다.

(2) I listen to music when I feel | anxious / local |.

나는 불안할 때 음악을 듣는다.

(3) My | average / hopeful | hours of sleep is eight hours.

나의 평균 수면 시간은 8시간이다.

2-1 빈칸에 알맞은 말을 〈보기〉에서 골라 쓰시오.

┌ 보기 ┐
peaceful worth cultural surprisingly

Wearing *hanbok* on holidays is a _____ tradition.

해석 | 명절에 한복을 입는 것은 [   ] 전통이다.

🔖 문화적

2-2 우리말을 참고하여 네모 안에서 알맞은 말을 고르시오.

(1) | Worth / Surprisingly |, my brother's idea worked!

놀랍게도, 내 남동생의 아이디어는 효과가 있었다!

*work 효과가 있다

(2) The sky is blue, and everything is | peaceful / cultural |.

하늘은 파랗고, 모든 것은 평화롭다.

(3) This food is | peaceful / worth | trying.

이 음식은 먹어 볼 가치가 있다.

009 ☐☐☐

thirsty [θə́ːrsti]　　형 목이 마른, ❶ [　　　　]

> **Quiz**
> I am **thirsty**.
> 나는 ❷ [　　　　].

답 ❶ 갈증이 나는 ❷ 목이 마르다

010 ☐☐☐

waterproof [wɔ́ːtərprùːf]　　형 방수의, 물이 스미지 않는

> **Quiz**
> My shoes are **waterproof**.
> 내 신발은 [　　　　]가 된다.

답 방수

011 ☐☐☐

available [əvéiləbl]　　형 구할(❶ [　　　　]) 수 있는

> **Quiz**
> They are **available** online.
> 그것들은 온라인에서 ❷ [　　　　].

답 ❶ 이용할 ❷ 구할 수 있다

012 ☐☐☐

fancy [fǽnsi]　　형 화려한, 장식적인

> **Quiz**
> She is wearing a **fancy** dress.
> 그녀는 [　　　　] 드레스를 입고 있다.

답 화려한

013 ☐☐☐

responsible [rispánsəbl]　　형 책임이 있는, 책임감 있는

> **Quiz**
> You are **responsible** for your actions.
> 당신은 당신의 행동에 [　　　　].

답 책임이 있다

014 ☐☐☐

crowded [kráudid]　　형 붐비는, ❶ [　　　　]

> **Quiz**
> a **crowded** subway
> ❷ [　　　　] 지하철

답 ❶ 복잡한 ❷ 붐비는

015 ☐☐☐

depressed [diprést]　　형 우울한

> **Quiz**
> He eats candy when he is **depressed**.
> 그는 [　　　　] 때 사탕을 먹는다.

답 우울할

016 ☐☐☐

generally [dʒénərəli]　　부 일반적으로, 대체로, 보통

> **Quiz**
> I **generally** get up at seven.
> 나는 [　　　　] 7시에 일어난다.

답 보통

3-1 빈칸에 알맞은 말을 〈보기〉에서 골라 쓰시오.

┌ 보기 ┐

| thirsty | waterproof |
| available | fancy |

The _____ dog wants to drink water.

해석 | [   ] 개는 물을 마시고 싶어 한다.

🔁 목이 마른

3-2 우리말을 참고하여 네모 안에서 알맞은 말을 고르시오.

(1) Are there any rooms | available / fancy | on Friday?

금요일에 이용할 수 있는 방이 있나요?

(2) My sister has | thirsty / fancy | earrings.

내 여동생은 화려한 귀걸이를 가지고 있다.

*earring 귀걸이

(3) My phone has a(n) | waterproof / available | function.

내 휴대 전화는 방수 기능이 있다.

*function 기능

4-1 빈칸에 알맞은 말을 〈보기〉에서 골라 쓰시오.

┌ 보기 ┐

| responsible | crowded |
| depressed | generally |

I had to get on the _____ bus.

해석 | 나는 [   ] 버스를 타야 했다.

🔁 붐비는

4-2 우리말을 참고하여 네모 안에서 알맞은 말을 고르시오.

(1) The dog became | crowded / depressed | whenever she was left alone.

그 개는 혼자 남겨질 때마다 우울해졌다.

*whenever ~할 때마다   **alone 혼자

(2) I want to be a | responsible / generally | adult.

나는 책임감 있는 어른이 되고 싶다.

*adult 어른

(3) Cats | generally / depressed | hate water.

고양이는 일반적으로 물을 싫어한다.

*hate (몹시) 싫어하다

A 영어를 우리말로 쓰기

1. depressed _____

2. average _____

3. local _____

4. thirsty _____

5. worth _____

6. fancy _____

7. anxious _____

8. surprisingly _____

9. hopeful _____

10. crowded _____

11. available _____

12. peaceful _____

13. responsible _____

14. generally _____

15. waterproof _____

16. cultural _____

B 우리말을 영어로 쓰기

1. 구할(이용할) 수 있는 _____

2. 책임이 있는, 책임감 있는 _____

3. 지역의, 현지의 _____

4. 문화의, 문화적인 _____

5. 희망에 찬, 기대하는 _____

6. 평균의, 평균적인, 평균 _____

7. 일반적으로, 대체로, 보통 _____

8. 화려한, 장식적인 _____

9. ~할 가치가 있는, ~해 볼 만한 _____

10. 우울한 _____

11. 평온한, 평화로운 _____

12. 방수의, 물이 스미지 않는 _____

13. 불안해하는, 걱정하는 _____

14. 붐비는, 복잡한 _____

15. 목이 마른, 갈증이 나는 _____

16. 의외로, 놀랍게도 _____

C 빈칸에 알맞은 표현 고르기

1.

We are all _____ for environmental problems.

© GoodStudio / Shutterstock

① generally　　　② thirsty　　　③ responsible

2.

He says I'm taller than the _____ height.

© robuart / Shutterstock

① available　　　② average　　　③ cultural

3.

The _____ newspaper has stories on our town.

① local　　　② worth　　　③ waterproof

---

environmental 환경의

problem ❶[　　　]

taller tall(키가 큰)의 비교급

height 키

newspaper 신문

town ❷[　　　], 도시

답 ❶ 문제 ❷ 마을

D 영영 풀이에 해당하는 단어 고르기

1.

very sad and without hope

① thirsty　　　② depressed　　　③ hopeful

2.

quiet and calm; not worried or upset in any way

① peaceful　　　② anxious　　　③ surprisingly

3.

having a lot of people or too many people

① fancy　　　② cultural　　　③ crowded

---

without ~ 없이, ~ 없는

hope ❶[　　　]

quiet 조용한

calm 침착한, 차분한

worried ❷[　　　]

upset 속상한

not ~ in any way 조금도 ~ 않는

답 ❶ 희망 ❷ 걱정하는

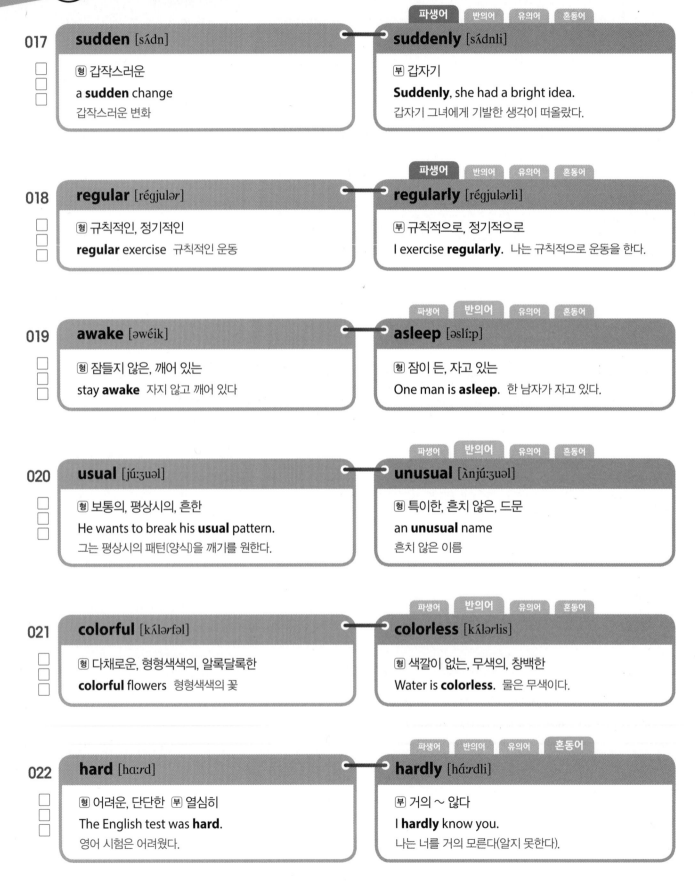

017 sudden [sʌ́dn]
☐☐☐
휑 갑작스러운
a **sudden** change
갑작스러운 변화

파생어 · 반의어 · 유의어 · 혼동어
suddenly [sʌ́dnli]
뿌 갑자기
Suddenly, she had a bright idea.
갑자기 그녀에게 기발한 생각이 떠올랐다.

018 regular [régjulər]
☐☐☐
휑 규칙적인, 정기적인
regular exercise 규칙적인 운동

파생어 · 반의어 · 유의어 · 혼동어
regularly [régjulərli]
뿌 규칙적으로, 정기적으로
I exercise **regularly**. 나는 규칙적으로 운동을 한다.

019 awake [əwéik]
☐☐☐
휑 잠들지 않은, 깨어 있는
stay **awake** 자지 않고 깨어 있다

파생어 · 반의어 · 유의어 · 혼동어
asleep [əslíːp]
휑 잠이 든, 자고 있는
One man is **asleep**. 한 남자가 자고 있다.

020 usual [júːʒuəl]
☐☐☐
휑 보통의, 평상시의, 흔한
He wants to break his **usual** pattern.
그는 평상시의 패턴(양식)을 깨기를 원한다.

파생어 · 반의어 · 유의어 · 혼동어
unusual [ʌnjúːʒuəl]
휑 특이한, 흔치 않은, 드문
an **unusual** name
흔치 않은 이름

021 colorful [kʌ́lərfəl]
☐☐☐
휑 다채로운, 형형색색의, 알록달록한
colorful flowers 형형색색의 꽃

파생어 · 반의어 · 유의어 · 혼동어
colorless [kʌ́lərlis]
휑 색깔이 없는, 무색의, 창백한
Water is **colorless**. 물은 무색이다.

022 hard [hɑːrd]
☐☐☐
휑 어려운, 단단한 뿌 열심히
The English test was **hard**.
영어 시험은 어려웠다.

파생어 · 반의어 · 유의어 · 혼동어
hardly [hɑ́ːrdli]
뿌 거의 ~ 않다
I **hardly** know you.
나는 너를 거의 모른다(알지 못한다).

필수 예제 1

우리말을 참고하여 빈칸에 알맞은 단어를 쓰시오.

(1) awake : _____ = usual : unusual

　　잠들지 않은, 깨어 있는 : 잠이 든, 자고 있는 = 보통의, 평상시의, 흔한 : 특이한, 흔치 않은, 드문

　　= colorful : colorless

　　= 다채로운, 형형색색의, 알록달록한 : 색깔이 없는, 무색의, 창백한

(2) sudden : suddenly = _____ : regularly

　　갑작스러운 : 갑자기 = 규칙적인, 정기적인 : 규칙적으로, 정기적으로

(3) hard − _____

　　어려운, 단단한, 열심히 − 거의 ~ 않다

Guide

(1)은 모두 ❶ ☐ 관계에 있는 단어이다. (2)는 형용사와 부사의 관계에 있는 단어로, 형용사에 접미사 ❷ ☐ 가 붙어 부사가 된 형태이다. (3)의 hard는 형용사로도 쓰이고 부사로도 쓰이는데, 부사인 hardly와 쓰임을 혼동하지 않도록 주의한다.

📖 ❶ 반의어 ❷ -ly

확인 문제 1-1

우리말을 참고하여 밑줄 친 표현이 맞으면 ○, 틀리면 ×에 표시하시오.

(1) I found my brother asleep. (○ / ×)

　　나는 내 남동생이 자고 있는 것을 발견했다.

(2) My science teacher wears colorless shirts every day. (○ / ×)

　　우리 과학 선생님은 매일 알록달록한 셔츠를 입으신다.

Words
science 과학
wear 입다

© Classic Vector / Shutterstock

확인 문제 1-2

다음 영영 풀이에 해당하는 단어를 주어진 철자로 시작하여 쓰시오.

(1) a_____ : not sleeping

(2) h_____ : not easy to do or understand; difficult to bend or break

(3) u_____ : not normal or common; not happening every day

Words
bend 구부리다, 굽히다
normal 보통의
common 흔한
happen 일어나다

023 smooth [smuːð]

파생어 | 반의어 | 유의어 | 혼동어

smoothly [smúːðli]

형 매끄러운, 부드러운
smooth skin
매끄러운 피부

부 부드럽게, 순조롭게
Everything is going **smoothly**.
모든 것이 순조롭게 진행되고 있다.

024 extreme [ikstríːm]

파생어 | 반의어 | 유의어 | 혼동어

extremely [ikstríːmli]

형 극도의, 지나친, 극심한
extreme heat 극심한 더위

부 극도로, 매우
I am **extremely** upset. 나는 매우 속상하다.

025 familiar [fəmíljər]

파생어 | 반의어 | 유의어 | 혼동어

unfamiliar [ʌnfəmíljər]

형 익숙한, 친숙한
Her voice is **familiar** to me.
그녀의 목소리는 나에게 친숙하다.

형 낯선, 생소한
This place is **unfamiliar** to me.
이 장소는 나에게 낯설다.

026 possible [pásəbl]

파생어 | 반의어 | 유의어 | 혼동어

impossible [impásəbl]

형 가능한
Is it **possible**? 가능할까요?

형 불가능한
That's **impossible**! 그건 불가능해!

027 similar [símələr]

파생어 | 반의어 | 유의어 | 혼동어

different [dífərənt]

형 비슷한, 유사한
a **similar** interest 비슷한 관심사

형 다른, 차이가 나는, 여러 가지의
different colors 다른 색

028 probably [prábəbli]

파생어 | 반의어 | 유의어 | 혼동어

perhaps [pərhǽps]

부 아마(도)
That's **probably** true.
그건 아마 사실일 거야.

부 아마도, 어쩌면
Perhaps I can help you.
제가 아마도 당신을 도울 수 있을 거예요.

필수 예제 2

우리말을 참고하여 빈칸에 알맞은 단어를 쓰시오.

(1) smooth : smoothly = extreme : _____

매끄러운, 부드러운 : 부드럽게, 순조롭게 = 극도의, 지나친, 극심한 : 극도로, 매우

(2) _____ – perhaps

아마(도) – 아마도, 어쩌면

(3) possible : impossible = familiar : _____

가능한 : 불가능한 = 익숙한, 친숙한 : 낯선, 생소한

= similar : _____

= 비슷한, 유사한 : 다른, 차이가 나는, 여러 가지의

© Natalia Klenova / Shutterstock

확인 문제 2-1

우리말을 참고하여 밑줄 친 표현이 맞으면 O, 틀리면 ×에 표시하시오.

(1) Daegu is smoothly hot in summer. (O / ×)

대구는 여름에 매우 덥다.

(2) We are similar, but we love each other. (O / ×)

우리는 다르지만 서로 사랑한다.

Words
hot 더운
each other 서로

© Ori Artiste / Shutterstock

확인 문제 2-2

다음 영영 풀이에 해당하는 단어를 주어진 철자로 시작하여 쓰시오.

(1) s_____ : soft and not rough
(2) i_____ : unable to happen or very difficult to do
(3) f_____ : well known to you

Words
rough 거친, 거칠거칠한
unable ~할 수 없는
well known 잘 알려진

1 다음 중 단어의 품사가 나머지와 <u>다른</u> 것은?

① sudden　　② regular　　③ colorless
④ hardly　　⑤ familiar

2 그림을 보고 빈칸에 알맞은 말을 주어진 철자로 시작하여 쓰시오.

My boyfriend and I wear s_____ shoes on a date.

3 다음 문장의 밑줄 친 부분과 의미가 반대되는 것은?

He was <u>awake</u> all night long because of the baby.

① usual　　② asleep　　③ extreme
④ smooth　　⑤ perhaps

4 다음 우리말을 영어로 바르게 옮긴 학생은?

이 차는 부드럽게 달린다.

 ① This car runs probably.

 ② This car runs regularly.

 ③ This car runs smoothly.

 ④ This car runs suddenly.

 ⑤ This car runs extremely.

© Turn_around_around / Shutterstock

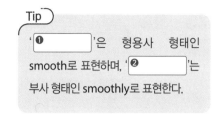

Tip
'❶____'은 형용사 형태인 smooth로 표현하며, '❷____'는 부사 형태인 smoothly로 표현한다.

🖪 ❶ 부드러운 ❷ 부드럽게

5 그림을 보고 〈보기〉에서 알맞은 단어를 골라 밑줄 친 부분을 바르게 고쳐 쓰시오.

┌ 보기 ┐
unusual   unfamiliar   impossible   colorful

It is <u>possible</u> to finish all the homework today. My teacher will be angry at me.

➡ _____

Tip
그림 속 학생은 밀린 ❶____를 내일까지 끝내는 것이 ❷____하다는 것을 느끼고, 선생님께서 화나신 모습을 떠올리며 두려워하고 있다.

🖪 ❶ 숙제 ❷ 불가능

Words
finish 끝내다
homework 숙제

파생어 | 반의어 | 유의어 | 혼동어

029 real [ríːəl]

⟳ ─── **reality** [riǽləti]

⬚ 휑 실제의, 진짜의
⬚ a **real** story
⬚ 실화(실제 이야기)

명 현실, 실제
You have to face **reality**.
너는 현실을 직시해야 해.

파생어 | 반의어 | 유의어 | 혼동어

030 social [sóuʃəl]

⟳ ─── **society** [səsáiəti]

⬚ 휑 사회의, 사회적인
⬚ a **social** problem 사회적 문제

명 사회
a multicultural **society** 다문화 사회

파생어 | 반의어 | 유의어 | 혼동어

031 ill [il]

⟳ ─── **healthy** [hélθi]

⬚ 휑 아픈, 병든
⬚ My dog was **ill** and didn't eat anything.
⬚ 나의 개는 아파서 아무것도 먹지 않았다.

휑 건강한, 건강에 좋은
He looks strong and **healthy**.
그는 힘이 세고 건강해 보인다.

파생어 | 반의어 | 유의어 | 혼동어

032 broad [brɔːd]

⟳ ─── **narrow** [nǽrou]

⬚ 휑 (폭이) 넓은, 광대한
⬚ **broad** land 넓은 토지(땅)

휑 좁은
narrow streets 좁은 도로

파생어 | 반의어 | 유의어 | 혼동어

033 diligent [dílədʒənt]

⟳ ─── **lazy** [léizi]

⬚ 휑 부지런한, 근면한
⬚ He is very **diligent**.
⬚ 그는 매우 부지런하다.

휑 게으른, 나태한
My brother is **lazy**.
내 남동생은 게으르다.

파생어 | 반의어 | 유의어 | 혼동어

034 highly [háili]

⟳ ─── **high** [hai]

⬚ 휁 크게, 대단히, 매우
⬚ The movie was **highly** successful.
⬚ 그 영화는 매우 성공적이었다.

휑 높은 휁 높이, 높게
a **high** mountain
높은 산

필수 예제 3

우리말을 참고하여 빈칸에 알맞은 단어를 쓰시오.

(1) social : society = real : _____

   사회의, 사회적인 : 사회 = 실제의, 진짜의 : 현실, 실제

(2) _____ : lazy = ill : healthy

   부지런한, 근면한 : 게으른, 나태한 = 아픈, 병든 : 건강한, 건강에 좋은

   = _____ : narrow

   = (폭이) 넓은, 광대한 : 좁은

(3) _____ – high

   크게, 대단히, 매우 – 높은, 높이, 높게

Guide

(1)은 **❶**[_____]와 명사의 관계에 있는 단어이고, (2)는 **❷**[_____] 관계에 있는 단어로 모두 형용사이다. (3)의 highly와 high는 쓰임을 혼동하지 않도록 주의한다.

답 ❶ 형용사 ❷ 반의어

확인 문제 3-1

우리말을 참고하여 밑줄 친 표현이 맞으면 O, 틀리면 ×에 표시하시오.

(1) He exercises to get <u>broad</u> shoulders. (O / ×)

   그는 넓은 어깨를 가지기 위해 운동을 한다.

(2) She is a <u>diligent</u> student. (O / ×)

   그녀는 부지런한 학생이다.

Words
exercise 운동하다
shoulder 어깨

확인 문제 3-2

다음 영영 풀이에 해당하는 단어를 주어진 철자로 시작하여 쓰시오.

(1) i_____ : not feeling well; sick

(2) l_____ : not working hard or not being active

(3) n_____ : having a short distance from one side to the other side; not wide

Words
sick 아픈
active 활동적인, 활발한
distance 거리
side 쪽, 측
wide 넓은

035 **various** [vέəriəs]

파생어 반의어 유의어 혼동어

variety [vəráiəti]

형 여러 가지의, 다양한
I am happy for **various** reasons.
나는 여러 가지의 이유로 행복하다.

명 여러 가지, 다양성
I am depressed for a **variety** of reasons.
나는 여러 가지 이유로 우울하다.

036 **confident** [kánfədənt]

파생어 반의어 유의어 혼동어

confidence [kánfədəns]

형 자신감 있는, 확신하는
He looks **confident**.
그는 자신감 있어 보인다.

명 신뢰, 확신, 자신감
lack of **confidence**
자신감 결여〔부족〕

037 **certain** [sə́:rtn]

파생어 반의어 유의어 혼동어

certainly [sə́:rtnli]

형 확실한, 틀림없는
I am **certain** that we are doing well.
나는 우리가 잘하고 있다고 확신한다.

부 확실히, 틀림없이
My sister is **certainly** different from me.
내 여동생은 확실히 나와 다르다.

038 **international** [ìntərnǽʃənl]

파생어 반의어 유의어 혼동어

national [nǽʃənl]

형 국제의, 국제적인
international news
국제 뉴스

형 국가의, 전국적인, 전 국민의
The **national** costume of Korea is *hanbok*.
한국의 국가 의상은 한복이다.

039 **fortunately** [fɔ́:rtʃənətli]

파생어 반의어 유의어 혼동어

unfortunately [ʌnfɔ́:rtʃənətli]

부 다행스럽게도, 운 좋게도
Fortunately, I got there on time.
운 좋게도 나는 제시간에 그곳에 도착했다.

부 불행히도
I can't go to the concert, **unfortunately**.
불행히도 나는 콘서트에 갈 수 없다.

040 **abroad** [əbrɔ́:d]

파생어 반의어 유의어 혼동어

aboard [əbɔ́:rd]

부 해외에(서), 해외로
Have you ever traveled **abroad**?
너는 해외로 여행을 가 본 적이 있니?

부 전 (배·비행기 등에) 탑승한
We went **aboard** a boat.
우리는 보트에 탑승했다.

필수 예제 4

우리말을 참고하여 빈칸에 알맞은 단어를 쓰시오.

(1) various : variety = _____ : confidence
   여러 가지의, 다양한 : 여러 가지, 다양성 = 자신감 있는, 확신하는 : 신뢰, 확신, 자신감

(2) _____ – certainly
   확실한, 틀림없는 – 확실히, 틀림없이

(3) international : national = fortunately : _____
   국제의, 국제적인 : 국가의, 전국적인, 전 국민의 = 다행스럽게도, 운 좋게도 : 불행히도

(4) _____ – aboard
   해외에(서), 해외로 – (배·비행기 등에) 탑승한

© Getty Images Bank

확인 문제 4-1

우리말을 참고하여 밑줄 친 표현이 맞으면 ○, 틀리면 ×에 표시하시오.

(1) *Taegeukgi* is the national flag of Korea. (○ / ×)
   태극기는 한국의 국기이다.

(2) He is going aboard after graduation. (○ / ×)
   그는 졸업 후 해외로 갈 예정이다.

Words
flag 기, 깃발
graduation 졸업, 졸업식

확인 문제 4-2

다음 영영 풀이에 해당하는 단어를 주어진 철자로 시작하여 쓰시오.

(1) f_____ : luckily, by good luck
(2) a_____ : onto a ship, bus, plane, or train
(3) i_____ : involving two or more countries

Words
luckily 운 좋게, 다행히도
involve 포함하다
more 더 많은
country 국가, 나라

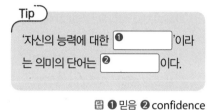

2주 3일 필수 체크 전략 ②

1 다음 영영 풀이에 해당하는 단어로 가장 적절한 것은?

> belief in one's ability

① reality   ② society   ③ variety

④ abroad   ⑤ confidence

Tip

'자신의 능력에 대한 ❶ ⬚'이라는 의미의 단어는 ❷ ⬚이다.

답 ❶ 믿음 ❷ confidence

Words
belief 믿음
ability 능력

2 그림을 보고 괄호 안에서 알맞은 표현을 고르시오.

> There are (various / certain) colors in the rainbow.

Tip

그림 속 ❶ ⬚는 일곱 가지의 ❷ ⬚ 색으로 구성되어 있다.

답 ❶ 무지개 ❷ 다양한

Words
rainbow 무지개

3 우리말을 참고하여 밑줄 친 단어를 바르게 고쳐 쓰시오.

> She is a(n) <u>national</u> student from France.
> 그녀는 프랑스에서 온 국제 학생이다.

➡ _____

Tip

national은 '❶ ⬚', '전국적인', '전 국민의'라는 뜻을 가진 단어이다. '❷ ⬚', '국제적인'의 뜻을 가진 단어는 international이다.

답 ❶ 국가의 ❷ 국제의

4 다음 우리말을 영어로 바르게 옮긴 학생은?

> 이 선생님은 매우 존경받는 선생님이다.

 ① Ms. Lee is a highly respected teacher.

 ② Ms. Lee is an abroad respected teacher.

 ③ Ms. Lee is an aboard respected teacher.

 ④ Ms. Lee is a fortunately respected teacher.

 ⑤ Ms. Lee is an unfortunately respected teacher.

Tip

'❶_____'이라는 뜻을 가진 형용사 respected를 수식하는 부사가 필요하므로, '❷_____'라는 뜻을 가진 부사를 생각해 본다.

🔒 ❶ 존경받는 ❷ 매우

Words
respected 존경받는, 훌륭한

---

5 다음 대화의 빈칸에 공통으로 들어갈 말을 〈보기〉에서 골라 쓰시오.

© smallblackcat / Shutterstock

┌ 보기 ┐

social   healthy   real   broad

A: What do you eat to stay _____?
B: I eat _____ foods like apples, carrots, and nuts.

➡ _____

Tip

❶_____, 당근, 견과와 같은 음식은 ❷_____을 유지하는 데 도움이 된다.

🔒 ❶ 사과 ❷ 건강

Words
stay (어떤 상태를) 유지하다
carrot 당근
nut 견과(도토리, 호두 등의 껍데기가 단단한 나무 열매)

대표 예제 1

다음 짝 지어진 단어의 관계가 같도록 빈칸에 알맞은 말을 쓰시오.

(1) certain : certainly = extreme : _____

(2) _____ : unfortunately

　　= familiar : unfamiliar

개념 Guide

certain과 certainly는 형용사와 ❶[ ]의 관계이고, familiar와 unfamiliar는 ❷[ ] 관계이다.

답 ❶ 부사 ❷ 반의어

대표 예제 2

우리말을 참고하여 네모 안에서 알맞은 것을 고르시오.

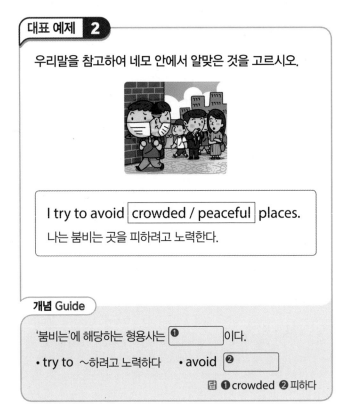

I try to avoid crowded / peaceful places.

나는 붐비는 곳을 피하려고 노력한다.

개념 Guide

'붐비는'에 해당하는 형용사는 ❶[ ]이다.

• try to ~하려고 노력하다　• avoid ❷[ ]

답 ❶ crowded ❷ 피하다

대표 예제 3

다음 영영 풀이에 해당하는 단어로 가장 적절한 것은?

almost not

① hardly　　　② highly

③ generally　④ regularly

⑤ smoothly

개념 Guide

'거의 ~ 않다'라는 의미로 부정을 나타내는 부사는 ❶[ ]이다.

• almost ❷[ ]

답 ❶ hardly ❷ 거의

대표 예제 4

다음 문장의 빈칸에 알맞은 것은?

Dreams are often different from _____.

① local　　　② variety

③ average　　④ reality

⑤ confidence

개념 Guide

꿈(dream)은 잠자는 동안 깨어 있을 때처럼 여러 가지 체험을 하는 현상을 말하므로, 이에 대응하며 깨어 있을 때를 가리키는 단어, 즉 '❶[ ]', '실제'라는 의미가 있는 단어를 생각해 본다.

• different from ~와 ❷[ ]

답 ❶ 현실 ❷ 다른

대표 예제 5

다음 영영 풀이에 해당하는 단어를 〈보기〉에서 골라 쓰시오.

┌ 보기 ┐
real   hopeful   unusual   available

able to get or use something

➡ _____

개념 Guide

'무언가를 얻거나 ❶ [   ] 수 있는'이라는 의미가 있는 단어를 생각해 본다.

• able ❷ [   ]

답 ❶이용할 ❷～할수있는

대표 예제 6

다음 밑줄 친 단어와 바꾸어 쓸 수 있는 것은?

Perhaps it will rain today.

① Suddenly   ② Probably

③ Extremely   ④ Fortunately

⑤ Surprisingly

개념 Guide

perhaps는 '❶ [   ]', '어쩌면'이라는 의미의 부사로, ❷ [   ] (아마(도))와 같은 의미가 있다.

답 ❶아마도 ❷probably

대표 예제 7

다음 짝 지어진 단어의 관계가 나머지와 다른 것은?

① ill – healthy

② diligent – lazy

③ social – society

④ broad – narrow

⑤ international – national

개념 Guide

social은 '사회의', '❶ [   ]'이라는 의미의 형용사이고, society는 '사회'라는 의미의 ❷ [   ]이다.

답 ❶사회적인 ❷명사

대표 예제 8

다음 중 밑줄 친 hard의 의미가 나머지와 다른 것은?

① I work very hard for my family.

② I am studying English very hard.

③ She tried hard to make me laugh.

④ Solving this problem is really hard.

⑤ I practice hard every day to be the best.

개념 Guide

hard는 형용사로 쓰일 때는 '❶ [   ]' 또는 '단단한'이라는 의미가 있으며, 부사로 쓰일 때는 '❷ [   ]'라는 의미가 있다.

• solve 해결하다, 풀다   • practice 연습하다

답 ❶어려운 ❷열심히

대표 예제 9

다음 빈칸에 알맞은 말을 주어진 철자로 시작하여 쓰시오.

C_____ awareness means understanding and respecting the differences between cultures.

© Annasunny24 / Shutterstock

개념 Guide

❶_____의 차이를 이해하고 존중하는 것을 의미하는 용어를 완성한다.

• awareness 의식, 인식　• mean 의미하다
• respect 존중하다　• difference ❷_____, 다름

답 ❶ 문화 ❷ 차이

대표 예제 10

다음 중 밑줄 친 부분의 우리말 풀이가 알맞지 <u>않은</u> 것은?

① I can't stay <u>awake</u>. (깨어 있는)
② It's <u>impossible</u> for me to date her. (불가능한)
③ I am <u>confident</u> because I studied a lot. (피곤한)
④ He came home at his <u>usual</u> time. (보통의)
⑤ We learned about <u>social</u> roles in social studies class. (사회적인)

개념 Guide

confident는 '❶_____', '확신하는'이라는 의미이다.

• date ~와 데이트하다　• role 역할
• social studies ❷_____ (과목)

답 ❶ 자신감 있는 ❷ 사회

대표 예제 11

다음 빈칸에 공통으로 알맞은 말을 〈보기〉에서 골라 쓰시오.

┤ 보기 ├
thirsty　waterproof　different　possible

A: There are _____ types of movies. What do you like the most?
B: I love action movies and SF movies.
A: I like romantic movies. We have very _____ tastes.

개념 Guide

❶_____ 종류의 영화 중에 두 사람이 좋아하는 영화의 종류가 ❷_____는 내용의 대화이다.

• type 유형, 종류　• SF 공상 과학　• taste 취향

답 ❶ 여러 가지 ❷ 다르다

대표 예제 12

다음 중 밑줄 친 단어의 의미가 순서대로 나열된 것은?

• I like my <u>broad</u> forehead.
• My dad worked <u>abroad</u> for years.
• We saw the beautiful sunset <u>aboard</u> a boat.

① 해외에서 – 넓은 – 탑승한
② 넓은 – 탑승한 – 해외에서
③ 해외에서 – 탑승한 – 넓은
④ 탑승한 – 해외에서 – 넓은
⑤ 넓은 – 해외에서 – 탑승한

개념 Guide

• forehead ❶_____　• for years 수년간, 몇 해 동안
• sunset ❷_____, 저녁노을

답 ❶ 이마 ❷ 일몰

대표 예제 **13**

우리말을 영어로 옮긴 문장에서 잘못 쓰인 단어를 찾아 바르게 고쳐 쓰시오.

> 그 계획을 따르면 일이 순조롭게 잘 풀릴 것이다.
> ➡ If you follow the plan, things will work out regularly.

_____ ➡ _____

개념 Guide

부사 regularly는 '규칙적으로', '❶_____'라는 의미이다.

• follow 따르다 　• plan 계획
• work out (일이) ❷_____

🄰 ❶정기적으로 ❷잘 풀리다

대표 예제 **14**

다음 글의 빈칸에 알맞은 것은?

> _____ lights danced across the sky. I took pictures of the auroras.

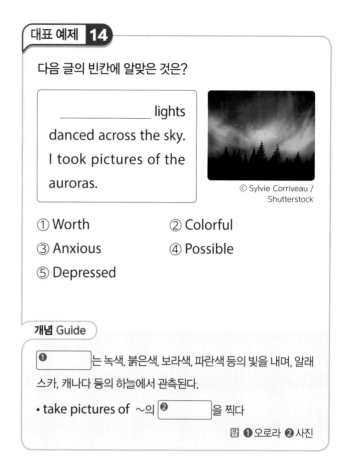
© Sylvie Corriveau / Shutterstock

① Worth　　② Colorful
③ Anxious　　④ Possible
⑤ Depressed

개념 Guide

❶_____는 녹색, 붉은색, 보라색, 파란색 등의 빛을 내며, 알래스카, 캐나다 등의 하늘에서 관측된다.

• take pictures of ~의 ❷_____을 찍다

🄰 ❶오로라 ❷사진

대표 예제 **15**

괄호 안의 영영 풀이를 참고하여 빈칸에 알맞은 것을 고르면?

> You will have _____ choices in your life, and your decisions will change your future. (several or many different)

① similar　　② various
③ certain　　④ regular
⑤ responsible

개념 Guide

'몇몇의 또는 다양한'을 의미하는 단어는 ❶_____이다.

• choice ❷_____　• decision 결정
• several 몇몇의

🄰 ❶various ❷선택

대표 예제 **16**

다음 글의 빈칸 ⓐ, ⓑ에 들어갈 말이 순서대로 나열된 것은?

> I fell ⓐ_____ on the sofa. In my dream, I met my dog, Happy, who died last year. We were flying ⓑ_____ in the sky. We had a good time.

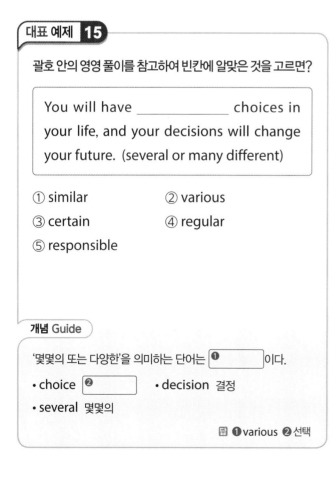

① asleep – high　　② asleep – fancy
③ average – high　　④ fancy – colorless
⑤ average – colorless

개념 Guide

소파에서 ❶_____이 들었는데, 꿈속에서 자신의 강아지 해피를 만나 하늘 ❷_____ 날아다녔다는 내용이다.

🄰 ❶잠 ❷높이

[1~2] 다음 영영 풀이에 해당하는 단어로 알맞은 것을 고르시오.

1

making a lot of effort and working hard

① ill
② lazy
③ diligent
④ hopeful
⑤ confident

Tip

많은 ❶ ▢▢▢▢ 을 기울이고 ❷ ▢▢▢▢ 일하는 사람을 묘사하는 단어이다.

답 ❶ 노력 ❷ 열심히

Words make effort 노력하다, 노력을 기울이다

2

relating to an entire country and its people

① local
② usual
③ average
④ national
⑤ peaceful

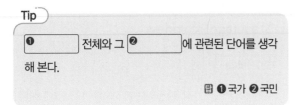

Tip

❶ ▢▢▢▢ 전체와 그 ❷ ▢▢▢▢ 에 관련된 단어를 생각해 본다.

답 ❶ 국가 ❷ 국민

Words relate to ~와 관련되다
entire 전체의

3 다음 밑줄 친 단어의 영영 풀이로 알맞은 것은?

<u>Suddenly</u> it began to rain, and she remembered the laundry on the rooftop.

① without doubt
② very, extremely
③ at regular times
④ luckily, by good luck
⑤ unexpectedly and surprisingly

Tip

옥상에 ❶ ▢▢▢▢ 를 널어놓고 나왔는데 ❷ ▢▢▢▢ 비가 내리는 상황을 상상해 본다.

답 ❶ 빨래 ❷ 갑자기

Words laundry 빨래
rooftop 옥상
doubt 의심
unexpectedly 예기치 못하게

4 다음 우리말과 일치하도록 빈칸에 공통으로 알맞은 말을 쓰시오.

• My parents built that _____ building.
우리 부모님이 저 높은 건물을 지으셨어.

• You can earn a(n) _____ income through this job.
당신은 이 일을 통해 높은 소득을 얻을 수 있습니다.

• Letters were piled _____ on the table.
편지들이 탁자 위에 높이 쌓여 있었다.

➡ _____

Tip

형용사로 쓰일 때는 '❶ _____', 부사로 쓰일 때는 '❷ _____', '높게'로 해석되는 단어를 생각해 본다.

閏 ❶ 높은 ❷ 높이

Words earn 벌다, 얻다
income 소득, 수입
through ~을 통해
pile 쌓다

5 다음 짝 지어진 단어의 관계가 나머지와 다른 것은?

① awake – asleep
② similar – different
③ probably – perhaps
④ familiar – unfamiliar
⑤ possible – impossible

Tip

'❶ _____'라는 의미로 그럴 가능성이 크다는 의미를 나타낼 때, probably와 ❷ _____를 쓸 수 있다.

閏 ❶ 아마(도) ❷ perhaps

6 다음 글의 빈칸에 문맥상 알맞은 것은?

Tom thought for a moment. When he put his hand in his pocket, he felt the paper snowflake. He taped it to the window. He said, "Hey, look! It's snowing!"

When Bill saw the snowflake, his face became bright.

"How pretty! How did you make it?" They began to make lots of snowflakes and put them on all the walls and windows.

Suddenly, Bill shouted, "Tom, Look! _____ snowflakes are falling outside! What a wonderful day!"

---

① Real
② Hard
③ Healthy
④ Colorful
⑤ Waterproof

Tip

Tom과 Bill이 ❶ _____ 눈송이를 만들어 벽과 창문에 붙이기 시작했고, 이어서 ❷ _____ 눈송이가 밖에 내렸다는 내용이다.

閏 ❶ 종이 ❷ 진짜

Words for a moment 잠시 동안
pocket 주머니
snowflake 눈송이
tape 테이프로 붙이다
bright 밝은
shout 소리치다
outside 밖에

1 우리말을 참고하여 빈칸에 알맞은 것을 고르면?

You are too _____ on weekends!
Get up and take a shower now!
너는 주말에 너무 게을러! 지금 일어나서 씻어!

① lazy   ② fancy
③ anxious   ④ crowded
⑤ depressed

2 다음 중 단어의 품사가 나머지와 <u>다른</u> 것은?

① reality   ② thirsty
③ variety   ④ society
⑤ confidence

3 다음 영영 풀이에 해당하는 단어를 주어진 철자로 시작하여 쓰시오.

> wide; having a large distance from side to side

➡ b _____

4 다음 빈칸에 알맞은 말을 〈보기〉에서 골라 쓰시오.

┌ 보기 ┐
available   unusual   responsible

(1) My cat is _____ for messing up this room.
이 방을 엉망으로 만든 책임은 내 고양이에게 있다.

(2) Is free Wi-Fi _____ at the bus stop?
버스 정류장에서 무료 와이파이를 이용할 수 있나요?

Words

1 on weekends 주말에   get up 일어나다   take a shower 샤워를 하다   **3** from side to side 좌우로

4 mess up ~을 엉망으로 만들다   free 무료의   bus stop 버스 정류장

5 다음 중 영어 단어와 우리말 뜻이 <u>잘못</u> 연결된 것은?

① hardly – 열심히

② certainly – 확실히

③ smoothly – 부드럽게

④ generally – 일반적으로

⑤ unfortunately – 불행히도

7 다음 글의 내용과 일치하도록 주어진 문장의 빈칸에 알맞은 말을 본문에서 찾아 쓰시오.

Mr. Williams lives near the park. When my dog gets sick, I always take her to him. He does his best to treat her. Sometimes he goes to different farms to take care of animals. Last Sunday he got a call from Ms. Bailey. He hurried to her farm. With his help, her cow gave birth to a cute baby. Ms. Bailey was happy and thanked the doctor.

© curiosity / Shutterstock

⬇

Mr. Williams treats sick animals and sometimes goes to _____ farms to take care of them.

6 다음 글의 네모 안에서 문맥상 알맞은 말을 골라 쓰시오.

© FoxyImage / Shutterstock

I was born in Korea but lived abroad / aboard for a long time. I met various people there and learned about other languages and cultures.

➡ _____

Words

6 be born in ~에서 태어나다   for a long time 오랫동안   language 언어

7 near ~에 가까이에, ~ 근처에   treat 치료하다   take care of ~을 돌보다   give birth to ~을 낳다   cute 귀여운

A 영어 단어 카드의 지워진 부분을 채운 다음, 우리말 뜻과 바르게 연결하시오.

1. surprisingly
2. peaceful
3. smooth
4. extremely
5. similar

ⓐ 비슷한, 유사한
ⓑ 의외로, 놀랍게도
ⓒ 매끄러운, 부드러운
ⓓ 극도로, 매우
ⓔ 평온한, 평화로운

B 각 사람이 하는 말과 일치하도록 위에서 완성한 카드 중 알맞은 것을 골라 문장을 완성하시오.

1.

저 신발은 매우 비싸다.

➡ Those shoes are _____ expensive.

2.

나는 쉴 수 있는 평화로운 장소가 필요해.

➡ I need a(n) _____ place to rest.

3.

놀랍게도, 나는 과학 시험에서 좋은 점수를 받았어.

➡ _____, I got a good grade on the science test.

C 우리말 카드에 해당하는 영어 단어를 쓰고, 퍼즐에서 찾아 표시하시오. (→ 방향과 ↓방향으로 찾을 것)

T	L	M	R	B	I	P	O	V	D	C	W	Z	D	T
B	J	E	E	L	Q	G	Z	Y	Z	T	B	A	M	S
H	W	G	S	R	W	C	B	B	M	W	T	B	G	S
X	O	A	P	C	B	E	C	R	E	T	P	R	L	Z
C	C	X	O	B	P	R	Q	I	W	W	P	O	Q	H
J	L	Z	N	D	L	T	P	C	G	A	O	A	M	R
D	A	Z	S	P	S	A	O	O	Q	S	S	D	G	E
L	I	T	I	B	M	I	H	N	Y	T	S	U	F	A
V	C	G	B	S	S	N	R	F	O	Y	I	B	U	L
S	A	N	L	V	O	L	Q	I	U	I	B	P	G	I
G	C	I	E	D	Q	Y	M	D	J	K	L	C	W	T
F	A	N	C	Y	N	E	E	E	L	S	E	H	B	Y
F	U	N	U	S	U	A	L	N	T	G	P	T	T	V
C	O	J	D	C	L	F	Y	C	N	A	L	O	T	O
E	M	H	V	L	N	A	K	E	K	G	B	C	I	C

화려한, 장식적인
fancy

가능한
_____

확실히, 틀림없이
_____

책임이 있는, 책임감 있는
_____

특이한, 흔치 않은, 드문
_____

현실, 실제
_____

신뢰, 확신, 자신감
_____

창의·융합·코딩 전략 ❷

D 우리말을 참고하여 철자의 순서를 바르게 배열하시오.

1. _____ : 여러 가지, 다양성

v i e r
y a t

2. _____ : 높은, 높이, 높게

g i h h

3. _____ : 갑자기

d e s y
d u n l

4. _____ : 불안해하는, 걱정하는

a i u o
s n x

5. _____ : 낯선, 생소한

f i u r m
n l a i a

6. _____ : 규칙적으로, 정기적으로

g e l l a
y r u r

E 각 사람이 하는 말과 일치하도록 위에서 완성한 단어 중 알맞은 것을 골라 문장을 완성하시오.

1.

갑자기 눈이 내리기 시작했어.

➡ _____ , it started to snow.

2.

나의 가장 친한 친구는 농구 선수처럼 높이 뛴다.

➡ My best friend jumps _____ like a basketball player.

3.

학급 회의는 목요일마다 정기적으로 열려요.

➡ Class meetings are held _____ on Thursdays.

F 퍼즐을 완성하시오.

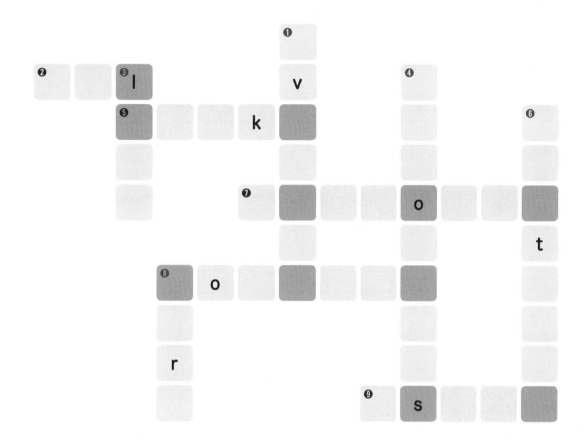

Across ▶

❷ not feeling well; sick ➡ _____

❺ stay _____ (자지 않고 깨어 있다)

❼ relating to an entire country and its people

➡ _____

❽ _____ : 희망에 찬, 기대하는

❾ fortunately : unfortunately

= _____ : unusual

Down ▼

❶ _____ : 평균의, 평균적인, 평균

❸ broad : narrow = diligent : _____

❹ _____ : 색깔이 없는, 무색의, 창백한

❻ a(n) _____ difference (문화적인 차이)

❽ not easy to do or understand; difficult to
bend or break ➡ _____

BOOK 2 마무리 전략

Week 1 1주 차에 학습한 어휘입니다. ●, ⬡, ■, ◆ 에 알맞은 철자를 넣어 단어를 완성해 봅시다. 아는 단어에 ✔ 표시하고, 모르는 단어는 복습하세요.

- ☐ apply
- ☐ ⬡xpec◆
- ☐ no◆ice
- ☐ r●main
- ☐ suffer
- ☐ wip⬡
- ☐ transfer
- ☐ remind
- ☐ atten●
- ☐ escap⬡

- ☐ mention
- ☐ persua●e
- ☐ realize

- ☐ s◆are
- ☐ sprea●
- ☐ recommend
- ☐ ■ehave
- ☐ discover
- ☐ practice
- ☐ survive
- ☐ accept
- ☐ pro◆ec◆
- ☐ motivate
- ☐ prove
- ☐ produce
- ☐ rela◆e
- ☐ floa◆

© Irina Nowa / Shutterstock

- ☐ recover
- ☐ compare
- ☐ ●iscuss
- ☐ invite
- ☐ communicat◆
- ☐ r●duc◆
- ☐ dou■t
- ☐ ●ecorate
- ☐ des◆roy
- ☐ argue

- ☐ ●evelop
- ☐ encourage
- ☐ arrest

정답 ● d ⬡ e ■ b ◆ t

Week 2 2주 차에 학습한 어휘입니다. ◆, ⬡, ⬢, ◇ 에 알맞은 철자를 넣어 단어를 완성해 봅시다.
아는 단어에 ✔ 표시하고, 모르는 단어는 복습하세요.

- ☐ anxious
- ☐ hopeful
- ☐ local
- ☐ ave⬡age
- ☐ peaceful
- ☐ worth
- ☐ cultur⬡l
- ☐ su⬡p⬡isingly
- ☐ t⬡irsty
- ☐ waterproof
- ☐ available
- ☐ fancy
- ☐ ⬡esponsible
- ☐ crow◆e◆

- ☐ ◇epresse◇
- ☐ generally
- ☐ su◆◆en
- ☐ regular
- ☐ ⬢w⬡ke
- ☐ usual
- ☐ colo⬡ful

© Sylvie Corriveau / Shutterstock

- ☐ hard
- ☐ smoot⬡
- ☐ extreme
- ☐ familiar
- ☐ possible
- ☐ similar

- ☐ probably
- ☐ real
- ☐ soci⬡l
- ☐ ill
- ☐ broa◇
- ☐ diligent
- ☐ ⬡ig⬡ly
- ☐ va⬡ious

- ☐ confident
- ☐ certain
- ☐ inte⬡n⬡tion⬡l
- ☐ fortunately
- ☐ ⬡broad

답 ⬡h⬢a⬡r◆d

[1~2] 다음 그림표를 보고, 물음에 답하시오.

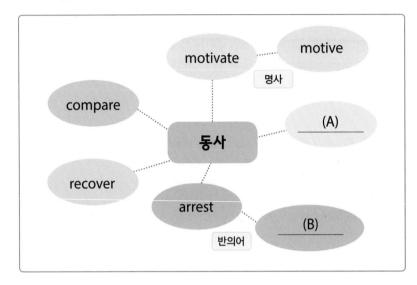

motivate **❶** [   ]
motive 동기, 이유
arrest 체포하다
recover 회복하다, **❷** [   ]
compare 비교하다

답 ❶동기를 부여하다 ❷되찾다

1 그림표 속 관계를 참고하여 빈칸 (A), (B)에 알맞은 단어를 각각 골라 쓰시오.

(A) prove   proof

➡ _____

(B) argue   release

➡ _____

Tip
(A) motivate, arrest, recover, compare는 모두 **❶** [   ]이다.
(B) argue는 '논쟁하다', '말다툼하다'라는 뜻이고, release는 '**❷** [   ]', '발표(공개)하다'라는 뜻이다.

답 ❶동사 ❷풀어 주다

2 다음 〈조건〉에 맞게 문장을 완성하시오.

┤ 조건 ├
위 그림표에서 단어를 고르되, 아래 영영 풀이를 참고할 것

to get something back

We need to find a way to _____ the money.

Tip
'무언가를 **❶** [   ]'라는 의미의 단어를 생각해 본다.
• get ~ back ~을 되찾다
• way **❷** [   ]

답 ❶되찾다 ❷방법

>> 정답과 해설 **41쪽**

[3~4] 다음 그림표를 보고, 물음에 답하시오.

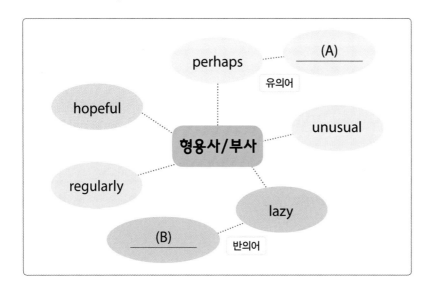

perhaps 아마도, 어쩌면
unusual **❶**[＿＿＿], 흔치 않은, 드문
lazy 게으른, 나태한
regularly **❷**[＿＿＿], 정기적으로
hopeful 희망에 찬, 기대하는

🗝 **❶** 특이한 **❷** 규칙적으로

3 그림표 속 관계를 참고하여 빈칸 (A), (B)에 알맞은 단어를 각각 골라 쓰시오.

| generally | hardly | probably |
| confident | diligent | certain |

(A) ➡ ＿＿＿＿＿＿＿＿

(B) ➡ ＿＿＿＿＿＿＿＿

Tip
(A) perhaps(아마도, 어쩌면)와 의미가 **❶**[＿＿＿] 단어를 고른다. (B) lazy (게으른, 나태한)와 의미가 **❷**[＿＿＿] 단어를 고른다.

🗝 **❶** 비슷한 **❷** 반대인

4 우리말을 참고하여 빈칸에 알맞은 단어를 위 그림표에서 골라 쓰시오.

(1) It is not easy to be ＿＿＿＿＿＿ during hard times.
어려운 시기에 희망에 차 있기는 쉽지 않다.

(2) He has a(n) ＿＿＿＿＿＿ personality.
그는 특이한 성격을 가지고 있다.

Tip
(1) '희망에 차 있다'는 의미가 되도록 be 다음에 들어갈 **❶**[＿＿＿]를 생각해 본다. (2) '특이한 성격'이라는 의미가 되도록 personality 앞에 들어갈 형용사를 생각해 본다.
• easy 쉬운
• personality **❷**[＿＿＿]

🗝 **❶** 형용사 **❷** 성격

[5~6] 다음 그림표를 보고, 물음에 답하시오.

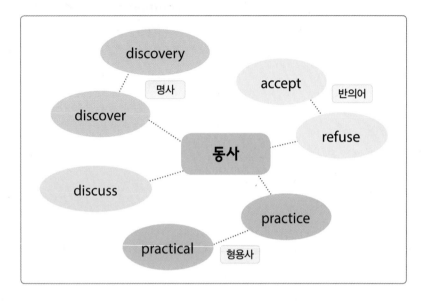

accept 받아들이다, 인정하다
refuse ❶ [____], 거부하다
practice 연습하다
practical 실제적인, ❷ [____]
discuss 논의하다, 토론하다
discover 발견하다
discovery 발견

답 ❶ 거절하다 ❷ 실용적인

5 다음 짝 지어진 두 단어의 관계가 같도록 빈칸에 알맞은 단어를 위 그림표에서 찾아 쓰시오.

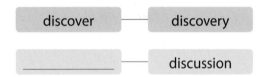

discover — discovery

_____ — discussion

Tip
첫 번째 짝인 discover와 discovery는
동사와 ❶ [____]의 관계이다.
• discussion ❷ [____], 상의

답 ❶ 명사 ❷ 논의

6 다음은 그림 속 남자에게 해 줄 말이다. 위 그림표에서 알맞은 단어를 찾아 밑줄 친 부분을 고쳐 쓰시오.

© Vectorium / Shutterstock

You have to learn to <u>refuse</u> criticism. It can be a chance to improve yourself.

➡ _____

Tip
그림 속 남자는 여자의 비판을
❶ [____] 않고 있다.
• criticism ❷ [____], 비난
• chance 기회
• improve 향상시키다

답 ❶ 받아들이지 ❷ 비판

[7~8] 다음 그림표를 보고, 물음에 답하시오.

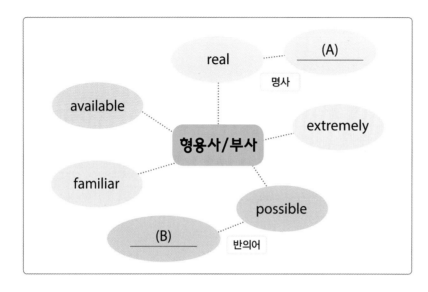

real 실제의, 진짜의

extremely **❶** [   ], 매우

possible 가능한

familiar **❷** [   ], 친숙한

available 구할(이용할) 수 있는

답 **❶** 극도로 **❷** 익숙한

7 그림표 속 빈칸 (A), (B)에 들어갈 알맞은 단어를 다음 〈조건〉에 맞게 쓰시오.

┌─ 조건 ├─
우리말 뜻을 참고하되, 아래에서 적절한 접두사나 접미사를 골라 이용할 것
└─────

| -ly | -ful | -ity |
| im- | re- | a- |

(A) 현실, 실제 ➡ _____

(B) 불가능한 ➡ _____

Tip
(A) 형용사 real에 접미사 **❶** [   ]
가 붙으면 명사인 reality가 된다. (B) 형용사 possible에 접두사 **❷** [   ]
이 붙으면 반대 의미의 impossible이 된다.

답 **❶** -ity **❷** im-

8 위 그림표에서 알맞은 단어를 골라 문장을 완성하시오.

(1) She is _____ tired because she couldn't sleep last night.

(2) You look _____ to me. Have we met before?

Tip
(1)은 '그녀는 어젯밤에 잠을 못 자서 **❶** [   ] 피곤하다.'라는 내용이다.
(2)는 **❷** [   ] 얼굴을 보고 전에 만난 적 있는지 물어보는 내용이다.

답 **❶** 매우 **❷** 익숙한

1 다음 영영 풀이에 해당하는 단어로 가장 적절한 것은?

> to keep something or somebody safe

① prove　　　　② predict
③ protect　　　④ produce
⑤ persuade

2 괄호 안의 영영 풀이를 참고하여, 빈칸에 알맞은 단어를 고르면?

> The police _____(e)d him.
> (to take a criminal to a police station)

① stare　　　　② arrest
③ suffer　　　　④ doubt
⑤ remain

3 다음 영영 풀이에 해당하는 단어를 주어진 철자로 시작하여 쓰시오.

> to move from one place, job, or school to another

➡ t_____

4 다음 문장의 밑줄 친 부분과 의미가 가장 유사한 것은?

> You need to rest and <u>recover</u> quickly for next week's game.

① wipe　　　　② invite
③ escape　　　④ restore
⑤ compare

5 괄호 안의 영영 풀이를 참고하여, 빈칸에 들어갈 단어를 주어진 철자로 시작하여 쓰시오.

> We e_____ each other when difficult times come.
> (to make someone more confident or hopeful)

6 다음 짝 지어진 단어의 관계가 나머지와 <u>다른</u> 것은?

① relate – related
② argue – argument
③ motivate – motive
④ discuss – discussion
⑤ destroy – destruction

7 그림을 보고 빈칸에 알맞은 말을 〈보기〉에서 골라 쓰시오.

┌ 보기 ┐
invitation   behavior   comparison
└────────────────────────┘

(1) Thank you for the _____.

(2) Everyone likes her because of her polite

_____.

8 우리말을 참고하여 빈칸에 알맞은 말을 〈보기〉에서 골라 쓰시오.

┌ 보기 ┐
predict   spread   develop
└────────────────────────┘

(1) To be a good leader, you need to _____ communication skills.
좋은 지도자가 되기 위해서는 의사소통 능력을 개발해야 한다.

(2) It is difficult to _____ the weather.
날씨를 예측하는 것은 어렵다.

9 다음 두 문장의 의미가 서로 통하도록 빈칸에 알맞은 말을 괄호 안에 주어진 철자를 배열하여 쓰시오.

Why do you want to attend this school?
= What made you _____ to this school?

(p, a, y, l, p) ⇒ _____

10 다음 밑줄 친 부분과 의미가 반대되는 단어를 주어진 철자로 시작하여 쓰시오.

All cars should <u>reduce</u> their speed in a school zone.

⇒ i_____

11 다음 글의 빈칸에 알맞은 것은?

I am so sad. I got a haircut yesterday, but my boyfriend didn't _____ it. It was a big change for me.

① spread   ② invite
③ notice   ④ survive
⑤ decorate

12 다음 영영 풀이에 해당하는 단어를 〈보기〉에서 골라 쓰시오.

┌─ 보기 ┐

development   decoration   motive

(1) a reason for doing something

➡ _____

(2) the process of changing and growing

➡ _____

(3) something that makes an object look more beautiful

➡ _____

13 다음 대화의 빈칸에 알맞은 것은??

© miniwide / Shutterstock

A: Oh no! The building is on fire!
B: We need to _____ quickly.
A: Okay! Let's get out of here.
B: Don't forget to stay low and cover your nose with a wet towel!

① float
② suffer
③ escape
④ produce
⑤ recommend

14 다음 중 밑줄 친 부분의 우리말 풀이가 알맞지 <u>않은</u> 것은?

① Don't <u>mention</u> her name. (언급하다)
② You have to <u>release</u> us now! (옮기다)
③ I have to <u>attend</u> an interview. (참석하다)
④ <u>Remind</u> me to buy a pencil. (상기시키다)
⑤ I didn't <u>expect</u> to see you here. (예상하다)

15 다음 빈칸에 공통으로 들어갈 말로 가장 알맞은 것은?

> • You _____ differently at home and school.
> • If you _____ well, I will give you a chocolate.

① sink ② refuse
③ accept ④ realize
⑤ behave

16 다음 ⓐ~ⓓ의 영영 풀이 중에 어느 것에도 해당하지 <u>않는</u> 단어는?

> ⓐ the act of damaging something
> ⓑ something that is made for sale
> ⓒ the state of continuing to live after danger
> ⓓ the act of finding out similarities or differences

① proof ② survival
③ product ④ destruction
⑤ comparison

17 밑줄 친 단어에 유의하며 다음 문장을 우리말로 해석하시오.

> The scientist <u>discovered</u> a new fact yesterday.

➡ _____

18 다음 영영 풀이에 해당하는 단어를 글에서 찾아 쓰시오.

> to do something repeatedly to become good at it

> Yejin's favorite hobby is dancing. She is a new member of the school dance club. Members come to the school gym on Saturdays and practice dance moves. These days Yejin is learning hip-hop moves. The club will perform at the school festival next month.

➡ _____

19 다음 글의 내용과 일치하도록 주어진 대화의 빈칸에 알맞은 말을 본문에서 찾아 쓰시오.

> Whales live in the water. They look and swim like fish, but they aren't fish at all. Whales can't stay under the water all the time. They can't breathe underwater, so they come up to the surface for air from time to time. Whales make sounds, and they communicate with these sounds. A whale's call can reach 188 decibels, and other whales can hear it from hundreds of kilometers away.

> A: How do whales _____?
> B: They use sounds with high decibels.

1 다음 영영 풀이에 해당하는 단어를 주어진 철자로 시작하여 쓰시오.

> not an imagination; the real situation

➡ r_____

2 다음 영영 풀이에 해당하는 단어로 가장 적절한 것은?

> not likely to get sick; strong

① thirsty   ② certain
③ healthy   ④ smooth
⑤ colorful

3 다음 영영 풀이의 빈칸에 들어갈 말이 <u>아닌</u> 것은?

> aboard: onto a _____, _____,
> _____, or _____

① ship   ② bus
③ plane   ④ train
⑤ country

4 다음 중 짝 지어진 단어의 관계가 반의어인 것은?

① local – cultural
② broad – narrow
③ various – variety
④ sudden – suddenly
⑤ surprisingly – generally

5 다음 글의 네모 안에서 문맥상 알맞은 말을 고르시오.

© Sensvector / Shutterstock

> Why do we need hugs? It's because hugging [hardly / regularly] helps people feel happy and comfortable.

6 우리말을 참고하여 빈칸에 알맞은 말을 〈보기〉에서 골라 쓰시오.

┌ 보기 ┐
extreme   unfamiliar   social

(1) Don't follow someone who is _____.

낯선 사람을 따라가지 마세요.

(2) _____ weather, such as droughts and floods, is happening often.

가뭄과 홍수와 같은 극심한 날씨(기상 이변)가 자주 일어나고 있다.

7 다음 밑줄 친 부분과 바꾸어 쓸 수 있는 단어를 주어진 철자로 시작하여 쓰시오.

A: Please remind your father about tomorrow's party. He <u>probably</u> forgot about it.
B: Okay, I will.

➡ p_____

8 다음 중 밑줄 친 부분의 우리말 풀이가 알맞지 않은 것은?

① I got this coffee from <u>abroad</u>. (해외에서)
② The cafe is <u>crowded</u> with children. (붐비는)
③ It's not a ghost but a <u>real</u> person. (진짜의)
④ I made an <u>international</u> call yesterday. (국가의)
⑤ It's <u>worth</u> studying another language.
(~할 가치가 있는)

9 다음 대화의 네모 (A), (B), (C)에서 문맥상 알맞은 말이 순서대로 나열된 것은??

A: What will happen in the future?
B: Maybe there will be a time machine!
A: Well, I don't think it'll be (A) possible / impossible . It happens just in movies.
B: Nothing is (B) possible / impossible . Everything is changing quickly.
A: Do you really think time travel is (C) possible / impossible ?
B: Of course! I believe we will travel in time someday.

① possible   – possible   – possible
② impossible – impossible – impossible
③ possible   – impossible – impossible
④ impossible – possible   – impossible
⑤ possible   – impossible – possible

10 다음 문장의 빈칸에 알맞은 것은?

© Artisticco / Shutterstock

> The five skaters are turning the corner _____.

① hardly   ② certainly

③ smoothly   ④ extremely

⑤ unfortunately

11 괄호 안의 영영 풀이를 참고하여, 빈칸에 알맞은 단어를 고르면?

© NoonBuSin / Shutterstock

> Have you ever tried cheesecake with kimchi? It sounds _____, but it's delicious! (not normal or common; not happening every day)

① awake   ② familiar

③ national   ④ unusual

⑤ available

12 다음 영영 풀이에 해당하는 단어를 〈보기〉에서 골라 쓰시오.

┌─ 보기 ─────────────────────────┐
│   regular   usual   waterproof   │
└────────────────────────────────┘

(1) not letting water get through

➡ _____

(2) doing something repeatedly in routine

➡ _____

(3) happening most of the time; normal

➡ _____

13 다음 밑줄 친 부분과 의미가 반대되는 것은?

> Suyeon is a diligent student. She pays attention in class and has good grades.

① ill   ② lazy

③ hopeful   ④ depressed

⑤ responsible

14 밑줄 친 단어의 의미로 알맞은 것을 〈보기〉에서 골라 기호로 쓰시오.

┌─ 보기 ─────────────────────────┐
│   ⓐ 운 좋게도   ⓑ 매우   │
│   ⓒ 평온한   ⓓ 목이 마른   │
└────────────────────────────────┘

(1) I highly recommend this drama.

➡ _____

(2) The boy looked peaceful in his sleep.

➡ _____

[15~16] 괄호 안의 영영 풀이를 참고하여, 빈칸에 들어갈 단어를 주어진 철자로 시작하여 쓰시오.

15

> Don't lose your c_____! You're doing great. Just trust yourself.
> (belief in one's ability)

16

> In today's s_____, pollution is a problem. People are worried that it will be a danger to human health.
> (the group of people living together in communities)

17 다음 글의 밑줄 친 단어가 가진 우리말 뜻을 괄호 안에서 각각 고르시오.

> Do you feel (1) anxious? It's okay! All you have to do is work (2) hard. It may seem (3) hard at first, but if you practice, you will soon be (4) confident.

(1) ➡ (불안해하는 / 기대하는)

(2) ➡ (어려운 / 열심히)

(3) ➡ (어려운 / 열심히)

(4) ➡ (틀림없는 / 자신감 있는)

18 다음 글의 네모 안에서 문맥상 알맞은 말을 골라 쓰시오.

ⓒ miniwide / Shutterstock

> People in my town have similar / different jobs. There are cooks, teachers, doctors, bus drivers, and so on. Thanks to them, I know a lot of things about jobs.

➡ _____

19 다음 글의 빈칸에 알맞은 것은?

> In late fall, it gets cold and we move to a warmer country. We fly as _____ as the clouds. We follow a leader and fly in a "V" shape. The leader has to guide us, and it's not an easy job. So we take turns in the lead to save energy. This way, we can travel very far.

① high

② fancy

③ asleep

④ average

⑤ colorless

BOOK 1

정답과 해설

1주 동사 1

해석 ❶ 한국 원화를 미국 달러로 **교환**할 수 있을까요?

해석 ❷ 중국 사람들은 한 손으로 열까지 **숫자를 셉니다**.

해석 ❸ 숨을 잘 쉴 수가 없어.

해석 ❹ 그 남자를 **묘사**해 주실 수 있으십니까?

1주 1일 개념 돌파 전략 ❶   pp. 8~11

1-1 repair
1-2 (1) hurt   (2) attack   (3) envy
2-1 exchange
2-2 (1) chop   (2) provide   (3) forgive
3-1 prepare
3-2 (1) regret   (2) froze   (3) rushed
4-1 count
4-2 (1) overcome   (2) explain   (3) prevent

1주 1일 개념 돌파 전략 ❷   pp. 12~13

A 1. 다치게(아프게) 하다, 아프다
   2. 설명하다
   3. 얼다, 얼리다
   4. 부러워하다, 질투하다
   5. 용서하다
   6. 막다, 예방하다
   7. 서두르다, 돌진하다
   8. 수리하다, 고치다
   9. 공격하다, 공격
   10. 극복하다
   11. 제공하다, 공급하다
   12. 준비하다
   13. 교환하다
   14. 수를 세다
   15. 다지다, 잘게 썰다
   16. 후회하다, 후회

B 1. rush   2. attack   3. explain   4. repair
   5. prevent   6. exchange   7. overcome
   8. chop   9. prepare   10. provide
   11. envy   12. freeze   13. hurt   14. count
   15. forgive   16. regret

C 1. ②   2. ①   3. ③

D 1. ①   2. ②   3. ②

C 해석 1. 아침마다 많은 사람들이 엘리베이터로 서둘러 간다.
  ① 다치게(아프게) 하다, 아프다
  ② 서두르다, 돌진하다
  ③ 용서하다
  2. 나는 농구 선수로는 키가 작다. 나는 그의 키가 부럽다.
  ① 부러워하다, 질투하다
  ② 막다, 예방하다
  ③ 설명하다
  3. 요리사가 토마토를 잘게 썰어서 그릇에 담았다.
  ① 얼었다, 얼렸다
  ② 후회했다
  ③ 다졌다, 잘게 썰었다

© ManuelfromMadrid / Shutterstock

D 해석 1. 순서대로 숫자를 말하다
  ① 수를 세다
  ② 공격하다, 공격
  ③ 수리하다, 고치다
  2. 추위 때문에 딱딱해져서 종종 얼음으로 변하다
  ① 부러워하다, 질투하다
  ② 얼다, 얼리다
  ③ 제공하다, 공급하다
  3. 누군가에게 어떤 것을 주는 대신에 그들로부터 어떤 것을 받다
  ① 준비하다
  ② 교환하다
  ③ 극복하다

1주 2일 필수 체크 전략 ❶ pp. 14~17

필수 예제 1	(1) weight, breathe (2) disappear
	(3) cancel
확인 문제 1-1	(1) ○ (2) ✕
확인 문제 1-2	(1) (w)hisper (2) (i)magination
	(3) (c)ancel

확인 문제 1-1
해설 (1) breathe는 '숨 쉬다', '호흡하다'라는 의미이므로, 우리말에 맞는 표현이다.
(2) disappeared는 '사라졌다'라는 뜻이므로, 우리말과 맞지 않는다. appeared(나타났다)로 고쳐 써야 한다.

확인 문제 1-2
해석 (1) 속삭이다: 무언가를 매우 조용히 말하다
(2) 상상력, 상상: 마음속에 어떤 그림이나 생각을 형성하는 능력
(3) 취소하다: 예정된 일이 일어나지 않도록 결정하다

필수 예제 2	(1) entrance (2) connect, invention
	(3) achieve (4) collect
확인 문제 2-1	(1) ✕ (2) ○
확인 문제 2-2	(1) (c)orrect (2) (e)nter (3) (a)chieve

확인 문제 2-1
해설 (1) connect는 '연결하다', '접속하다'라는 뜻이므로, 우리말과 맞지 않는다. invent(발명하다)로 고쳐 써야 한다.
(2) collect는 '모으다', '수집하다'라는 의미이므로, 우리말에 맞는 표현이다.

확인 문제 2-2
해석 (1) 정확한, 옳은: 틀림이 없이, 정확한 또는 맞는
(2) 들어가다(오다): 어떤 곳으로 가거나 오다
(3) 이루다, 성취하다: 대개 많은 노력을 기울여서 무언가를 하는 데 성공하다

1주 2일 필수 체크 전략 ❷ pp. 18~19

1 ④ **2** ③ **3** ② **4** imagine **5** connect

1 해설 ④는 반의어 관계이고, 나머지는 동사와 명사의 관계이다.

  해석 ① 무게(체중)가 ~이다 – 무게, 체중
  ② 발명하다 – 발명품, 발명
  ③ 들어가다(오다), 참가하다 – (출)입구, 입장
  ④ 나타나다, 출현하다 – 사라지다
  ⑤ 숨 쉬다, 호흡하다 – 숨, 호흡

2 해석 어떤 특별한 이유로 물건을 구해서 한군데 모으다
① 취소하다
② 외치다, 소리 지르다
③ 모으다, 수집하다
④ 흥분시키다, 자극하다
⑤ 연결하다, 접속하다

3 해설 '이루다', '성취하다'라는 의미를 가진 동사는 ② achieve 이다.

해석 ① 암
③ 흥분, 신남
④ 정확한, 옳은
⑤ 속삭이다

4 해석 〈보기〉 발명하다 / 발명품, 발명 / 상상하다 / 상상력, 상상
나는 가끔 많은 돈을 버는 상상을 한다.

5 해설 '연결하다', '접속하다'라는 의미를 가진 동사는 connect 이다.

1주 3일 필수 체크 전략 ❶ pp. 20~23

필수 예제 3　(1) create　(2) suggestion, complain
　　　　　　(3) misunderstand
확인 문제 3-1　(1) ✕　(2) ✕
확인 문제 3-2　(1) (c)reative　(2) (s)olve　(3) (c)omplaint

확인 문제 3-1
해설 (1) understand는 '이해하다'라는 뜻이므로, 우리말과 맞지 않는다. misunderstand(오해하다)로 고쳐 써야 한다.
(2) solution은 '해결책', '해법'이라는 뜻이므로, 우리말과 맞지 않는다. suggestion(제안)으로 고쳐 써야 한다.

확인 문제 3-2
해석 (1) 창조적인, 창의적인: 새로운 생각을 떠올리는 능력을 가지거나 보이는
(2) 해결하다, 풀다: 어떤 문제를 끝낼 방법을 찾거나 답을 찾다
(3) 불평(항의), 불만: 어떤 것에 대해 불만족스럽다고 말하기 또는 쓰기

필수 예제 4　(1) pollution, describe　(2) direct
　　　　　　(3) respond
확인 문제 4-1 (1) ✕　(2) ○
확인 문제 4-2 (1) (r)eply((r)espond)　(2) (p)ollute
　　　　　　(3) (d)onation

확인 문제 4-1
해설 (1) donate는 '기부하다', '기증하다'라는 뜻이므로, 우리말과 맞지 않는다. describe(묘사하다, 서술하다)로 고쳐 써야 한다.
(2) director는 '관리자', '감독'이라는 의미이므로, 우리말에 맞는 표현이다.

확인 문제 4-2
해석 (1) 대답하다, 답장하다(대답하다, 응답하다, 반응하다): 답으로써 어떤 말을 하거나 쓰거나, 또는 어떤 것을 하다
(2) 오염시키다: 땅, 물, 공기 등을 더럽히고 이용하기에 안전하지 않게 만들다
(3) 기부, 기증: 어떤 사람이나 단체를 돕기 위해 주는 것

© friendlyvector / Shutterstock

1주 3일 필수 체크 전략 ❷ pp. 24~25

1 ④　2 (d)onate　3 ③　4 ①　5 edit

1 해석 원하는 결과를 이루는
① 대답하다, 답장하다, 대답, 답변
② 해결하다, 풀다
③ 창조적인, 창의적인
④ 성공한, 성공적인
⑤ 묘사, 서술

2 해설 상자에 DONATION(기부, 기증)이라고 쓰인 것으로 보아, 빈칸에는 '기부하다', '기증하다'라는 뜻의 donate가 알맞다.

해석 나는 헌 옷을 기부할 것이다.

3 해설 밑줄 친 reply는 '대답하다', '답장하다'라는 뜻의 동사로, respond와 의미가 비슷하다.

해석 그는 문자 메시지로 사과했지만, 나는 답장하지 않았다.
① 창조하다, 만들어 내다
② 지휘하다, 감독하다
③ 대답하다, 응답하다, 반응하다
④ 제안하다
⑤ 오해하다

4 해설 complain: 불평하다, 항의하다 / complaint: 불평(항의), 불만

해석 ②, ③ describe: 묘사하다, 서술하다
③ solution: 해결책, 해법
④, ⑤ pollution: 오염, 공해
⑤ pollute: 오염시키다

5 해설 edit(편집하다)에 접미사 -or을 붙이면 '편집하는 사람'을 의미하는 editor(편집자)가 된다.

해석 〈보기〉 지휘하다, 감독하다 / 편집하다 / 성공하다 / 제안하다
편집자는 작가를 도와 그들의 글이 더 좋아지도록 만든다.

1 (r)epair   **2** ②   **3** prepared   **4** ①   **5** ④
6 weigh   **7** understand → misunderstand
8 (1) solve   (2) pollution   **9** ④   **10** director   **11** ⑤
12 shouted   **13** ③   **14** ①   **15** (e)nter   **16** ③

1 해석 고장 난 것을 수리하다 → 수리하다, 고치다

2 해설 ②는 동사와 형용사의 관계이고, 나머지는 모두 동사와 명사의 관계이다.

해석 ① 들어가다(오다), 참가하다 – (출)입구, 입장
② 창조하다, 만들어 내다 – 창조적인, 창의적인
③ 흥분시키다, 자극하다 – 흥분, 신남
④ 불평하다, 항의하다 – 불평(항의), 불만
⑤ 상상하다 – 상상력, 상상

3 해설 donate: 기부하다, 기증하다 / prepare: 준비하다

4 해석 A: 괜찮니?
B: 아니. 발목을 다쳤어.
② 부러워하다, 질투하다
③ 발명하다
④ 모으다, 수집하다
⑤ 교환하다

5 해설 ④는 '그는 문으로 돌진했다.'라는 의미의 문장으로, rush는 '서두르다', '돌진하다'라는 뜻이다.

해석 ① 그녀는 어릴 때 암에 걸렸다.
② 과학이 이것을 설명할 수 있다.
③ 나는 편집자를 만나기를 원한다.
⑤ 숲이 사라지고 있다.

6 해석 이 볼링공의 무게는 4.99킬로그램이다.

7 해설 주어진 영어 문장은 '사람들은 종종 다른 문화를 이해한다.'라는 의미이므로, understand(이해하다)를 '오해하다'라는 의미를 가진 동사인 misunderstand로 고쳐 써야 한다.

8 해석 〈보기〉 오염시키다 / 오염, 공해 / 해결하다, 풀다 / 해결책, 해법
(1) 이 문제를 해결하기 위해 우리는 무엇을 해야 할까?
(2) 오염 때문에 많은 물고기가 죽어 가고 있다.

9 해설 ④ correct는 형용사로, '정확한', '옳은'이라는 의미이다. *cf.* collect: 모으다, 수집하다

10 해설 〈보기〉의 두 단어는 동사와 행위자의 관계이므로, 빈칸에는 direct의 행위를 하는 사람을 나타내는 단어가 알맞다.

해석 〈보기〉 연기하다 – 연기자, 배우
지휘하다, 감독하다 – 관리자, 감독

11 해설 ⑤ '마음속에 어떤 그림이나 생각을 형성하는 능력'은 imagination(상상력, 상상)의 영영 풀이이다. 따라서 donation(기부, 기증)의 영영 풀이로는 맞지 않는다.

해석 ① 다지다, 잘게 썰다: 어떤 것을 잘게 자르다
② 후회하다: 한 일에 대해 유감스럽다
③ 묘사하다, 서술하다: 어떤 사물이나 사람이 어떤 모습인지 말하다
④ 창조적인, 창의적인: 새로운 생각을 떠올리는 능력을 가지거나 보이는

12 해설 the loudest(가장 큰 소리로)와 wake them up(그들을 깨우다)로 보아, shouted(소리를 질렀다)가 알맞다. whisper는 '속삭이다'라는 뜻이다.

해석 나는 그들을 깨우기 위해 가장 큰 소리로 소리를 질렀다.

13 해설 ③은 명사이고, 나머지는 동사이다.

해석 ① 취소하다
② 나타나다, 출현하다
③ 숨, 호흡
④ 제공하다, 공급하다
⑤ 성공하다

14 해설 asked(물었다)로 보아, 빈칸에는 ① replied(대답했다)가 알맞다.

해석 "이건 얼마인가요?"라고 내가 물었고, 그는 "만 원입니다."라고 대답했다.
② 용서했다
③ 공격했다
④ 이루었다, 성취했다
⑤ 극복했다

© Caftor / Shutterstock

15 해설 '들어오다'라는 의미의 동사가 필요하므로, 빈칸에는 enter가 알맞다.

16 해설 • invent: 발명하다
• invention: 발명품, 발명

해석 • 누가 전화기를 발명했는가?
• 토머스 에디슨의 최고의 발명품은 백열전구이다.
① 수를 세다
② 설명하다
④ 연결하다, 접속하다
⑤ 불평하다, 항의하다

1주 4일 교과서 대표 전략 ② pp. 30~31

1 (1) explain (2) cancel **2** ② **3** (i)magine
4 envy **5** ① **6** complain

1 해설 (1) 그림을 설명하는 상황이므로, 빈칸에는 explain(설명하다)이 알맞다.
(2) 비로 경기가 취소된 상황이므로, 빈칸에는 cancel(취소하다)이 알맞다.

해석 〈보기〉 공격하다, 공격 / 취소하다 / 설명하다
(1) 그 화가는 자신의 작품을 직접 설명한다.
(2) 그들은 폭우 때문에 경기를 취소하기로 결정했다.

2 해설 create는 '창조하다', '만들어 내다'라는 의미이므로, 영영 풀이는 ② '새로운 것을 만들어 내다'가 알맞다.

해석 그 요리사는 학생들을 위한 몇 가지 메뉴를 만들고 싶어 한다.
① 순서대로 숫자를 말하다
③ 무언가에 대해 걱정하다
④ 어떤 곳으로 가거나 오다
⑤ 매우 빠르게 움직이거나 어떤 일을 하다

3 해설 imagine(상상하다)에 대한 영영 풀이이다.

해석 나는 스마트폰 없는 하루를 상상할 수 없다.
(마음속에 어떤 그림이나 생각을 형성하다)

4 해설 envy: 부러워하다, 질투하다

방금 널 봤어.
너 정말 빠르더라!
네가 정말 부러워.

[5~6] 지문 해석
오후 3시, 병원
Tom은 "316, 317 … 여기구나." 하고 수를 세었다. Tom이 318호의 문을 두드렸을 때, 힘없는 목소리가 "들어오세요."라고 말했다.
"안녕, 잘 지내니?"라고 Tom이 물었다.
"나는 심심해."라고 Bill이 말했다. "나는 정말 심심해."
"우리 게임을 할까?" Tom이 말했다.
"아니." Bill은 고개를 저었다. "나는 매일 게임을 해. 게임은 지루해!"라고 Bill이 불평했다.

5 해설 숫자 '316, 317 …'이 이어지는 것으로 보아, 빈칸에는 '수를 세다'라는 의미의 count가 알맞다. 과거형은 counted 이다.

해석 ② 모았다, 수집했다
③ 묘사했다, 서술했다
④ 교환했다
⑤ 사라졌다

6 해석 어떤 것에 대해 불만족스럽다고 말하다 → 불평하다, 항의하다

1주 누구나 합격 전략   pp. 32~33

1 ⑤   2 ③   3 ②   4 ③   5 donate
6 excitement   7 director   8 understands

1 해설 ① weiht → weight
② exchainge → exchange
③ achievment → achievement
④ prevant → prevent

2 해설 '용서하다'는 forgive로 표현한다.

해석 ① 편집자
② 숨, 호흡
④ (출)입구, 입장
⑤ 기부, 기증

3 해설 buy(사다)와 sell(팔다)은 반의어 관계이므로, 빈칸에는 whisper와 반대 의미를 가진 shout가 알맞다.

해석 사다 : 팔다 = 속삭이다 : 외치다, 소리 지르다
① 다지다, 잘게 썰다
③ 정확한, 옳은
④ 나타나다, 출현하다
⑤ 성공한, 성공적인

4 해설 문제를 풀지 못한다는 내용이 되는 것이 자연스러우므로, 빈칸에는 ③ solve(해결하다, 풀다)가 알맞다.

해석 A: 너 무슨 문제가 있구나, 그렇지?
B: 맞아. 이 문제를 풀 수가 없어.
A: 내가 도와줄까?
B: 응, 그렇게 해 줘.
① 다치게(아프게) 하다, 아프다
② 흥분시키다, 자극하다
④ 취소하다
⑤ 얼다, 얼리다

5 해설 '어떤 사람이나 단체를 돕기 위해 돈 같은 것을 주다'라는 의미를 가진 단어는 donate(기부하다, 기증하다)이다. envy는 '부러워하다', '질투하다'라는 뜻이다.

© miniwide / Shutterstock

6 해설 '신이 나거나 행복해 보이는 상태'를 의미하는 단어는 excitement(흥분, 신남)이다. pollution은 '오염', '공해'라는 뜻이다.

© vectornation / Shutterstock

7 해설 This person은 영화감독을 가리키므로, 빈칸에는 '관리자' 또는 '감독'을 뜻하는 director가 알맞다.

해석 이 사람은 영화를 만들기 위해 배우들에게 지시를 한다.
→ 영화감독

8 해설 백아의 음악을 잘 이해해 주던 종자기가 죽은 다음이므로, 아무도 백아의 음악을 이해해 주지 않는다는 내용이 되는 것이 알맞다.
understand: 이해하다 / misunderstand: 오해하다

해석 백아와 종자기는 사이좋은 친구였다. 백아는 거문고 연주에 뛰어났고 종자기는 그의 음악을 매우 잘 이해해 주었다. 어느 날 종자기가 죽자 백아는 거문고의 줄을 끊었다. 그는 "이제는 아무도 내 음악을 이해해 주지 않는구나. 그래서 나는 다시는 연주하지 않을 것이다."라고 말했다.

1주 창의·융합·코딩 전략 ① pp. 34~35

A
1. hurt — ⓔ 다치게(아프게) 하다, 아프다
2. invention — ⓑ 발명품, 발명
3. prevent — ⓐ 막다, 예방하다
4. whisper — ⓒ 속삭이다
5. explain — ⓓ 설명하다

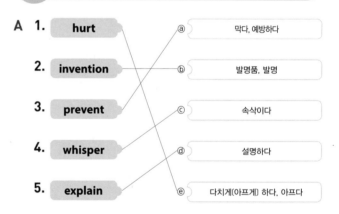

B
1. hurt 2. explain 3. prevent

어휘 chance 기회 gain 증가

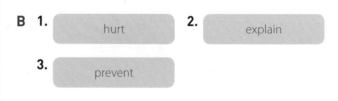

C

준비하다	편집자	취소하다
prepare	editor	cancel

흥분, 신남	무게(체중)가 ~이다	오염, 공해
excitement	weigh	pollution

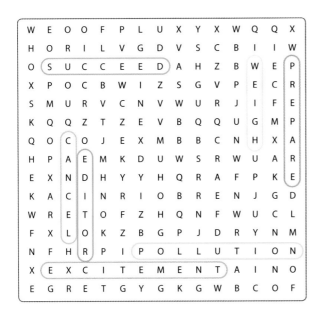

F

해석 [Across]

❻ 고장 난 것을 수리하다 → 수리하다, 고치다

❿ 상상하다 : 상상력, 상상 = 해결하다, 풀다 : 해결책, 해법

[Down]

❶ 사라지다 : 나타나다, 출현하다 = 오해하다 : 이해하다

❸ 순서대로 숫자를 말하다 → 수를 세다

❹ 추위 때문에 딱딱해져서 종종 얼음으로 변하다 → 얼다

1주 창의·융합·코딩 전략 ❷   pp. 36~37

D 1. _____breath_____ : 숨, 호흡

2. _____creative_____ : 창조적인, 창의적인

3. _____shout_____ : 외치다, 소리 지르다

4. _____donation_____ : 기부, 기증

5. _____exchange_____ : 교환하다

6. _____regret_____ : 후회하다, 후회

E 1. exchange   2. Creative

3. shout

어휘 dolphin 돌고래

2주 명사

해석 ❶ 그녀의 **연설**은 너무 감동적이야.

해석 ❷ 나는 **전문가**야.

해석 ❸ **영수증** 드릴까요?

해석 ❹ 나의 **사과**를 받아 줘.

2주 1일 개념 돌파 전략 ❶   pp. 40~43

1-1 treasure
1-2 (1) speech   (2) waves   (3) effort
2-1 seed
2-2 (1) universe   (2) secrets   (3) details
3-1 planet
3-2 (1) trash   (2) state   (3) community
4-1 disaster
4-2 (1) temperature   (2) instrument   (3) expert

2주 1일 개념 돌파 전략 ❷   pp. 44~45

A 1. 보물
2. 재난, 재해
3. 행성, 지구
4. 노력
5. 세부 사항
6. 지역 사회, 공동체
7. 씨, 씨앗
8. 파도, 물결
9. 상태, 국가
10. 기구, 악기
11. 전문가
12. 비밀, 비결
13. 우주
14. 온도, 기온, 체온
15. 말하기, 연설
16. 쓰레기

B 1. universe   2. community   3. trash
4. speech   5. state   6. disaster   7. treasure
8. expert   9. effort   10. detail   11. planet
12. wave   13. temperature   14. secret
15. instrument   16. seed

C 1. ①   2. ②   3. ③

D 1. ③   2. ③   3. ②

C 해석 1. 파도가 파도타기를 하기에 좋다.

① 파도, 물결

② 세부 사항

③ 말하기, 연설

2. 쓰레기를 탁자 위에 두고 가지 마세요.

① 노력

② 쓰레기

③ 상태, 국가

3. 이 악기는 전기 기타라고 불린다.

① 재난, 재해

② 전문가

③ 기구, 악기

D 해석 1. 같은 지역에서 사는 사람들

① 씨, 씨앗

② 우주

③ 지역 사회, 공동체

2. 금이나 은과 같은 귀중품

① 비밀, 비결

② 기구, 악기

③ 보물

3. 갑자기 일어나는 매우 안 좋은 일

① 행성, 지구

② 재난, 재해

③ 온도, 기온, 체온

2주 2일 필수 체크 전략 ❶ pp. 46~49

> 필수 예제 1 (1) disease (2) flood (3) belief
> (4) pride, medical
> 확인 문제 1-1 (1) ✕ (2) ○
> 확인 문제 1-2 (1) (i)llness (2) (b)elieve (3) (d)irt

확인 문제 1-1

해설 (1) drought는 '가뭄'이라는 뜻이므로, 우리말과 맞지 않는다. flood(홍수)로 고쳐 써야 한다.

(2) belief는 '믿음', '신념', '확신'이라는 의미이므로, 우리말에 맞는 표현이다.

확인 문제 1-2

해석 (1) 병, 아픔: 건강하지 못한 상태

(2) 믿다: 어떤 것을 사실이라고 생각하다

(3) 먼지, 때, 흙: 어떤 것을 더럽게 만드는 것, 예를 들어 먼지나 흙

> 필수 예제 2 (1) personality (2) harmful (3) failure
> (4) experiment
> 확인 문제 2-1 (1) ✕ (2) ○
> 확인 문제 2-2 (1) (r)espectful (2) (r)isk (3) (s)uccess

확인 문제 2-1

해설 (1) 명사로 쓰인 harm은 '해', '피해', '손해'라는 뜻이므로, 우리말과 맞지 않는다. respect(존경, 존중)로 고쳐 써야 한다.

(2) 명사로 쓰인 experience는 '경험'이라는 의미이므로, 우리말에 맞는 표현이다.

확인 문제 2-2

해석 (1) 존경하는, 공손한: 존경심을 가지거나 보이는

(2) 위험: 좋지 않은 일이 일어날 가능성

(3) 성공: 원하는 것의 달성

2주 2일 필수 체크 전략 ❷ pp. 50~51

> 1 ② 2 (1) ⓐ (2) ⓒ (3) ⓑ 3 harmful 4 ③
> 5 experiment

1 해석 더러운, 지저분한: 깨끗하지 않은

① 안전한

③ 예쁜

④ 사실인

⑤ 건강한

2 해설 〈보기〉에 주어진 단어는 반의어 관계에 있으므로, 서로 의미가 반대인 단어끼리 연결한다.

해석 〈보기〉 왼쪽 – 오른쪽

(1) 위험 – ⓐ 안전

(2) 실패 – ⓒ 성공

(3) 가뭄 – ⓑ 홍수

3 해설 먹지 말라는 내용으로 보아, 단것이 치아에 부정적인 영향을 준다는 것을 알 수 있다. 따라서 '해로운', '유해한'이라는 뜻을 가진 harmful이 알맞다. respectful은 '존경하는', '공손한'이라는 의미이다.

해석 단것을 너무 많이 먹지 마. 이에 해로워.

4 해설 '~으로 가득 찼다'라는 의미인 were filled with 다음에 '자랑스러움', '자부심'이라는 의미가 있는 명사 pride가 오는 것이 알맞다.
① dirt: 먼지, 때, 흙
② harm: 해, 피해, 손해, 해를 끼치다
④ illness: 병, 아픔
⑤ experience: 경험, 경험하다

5 해석 〈보기〉 믿음, 신념, 확신 / 질병, 병 / 실험 / 의학, 약
과학 실험을 하는 것은 매우 재미있다.

2주 3일 필수 체크 전략 ❶   pp. 52~55

필수 예제 3	(1) original, environment (2) cause
	(3) sweet (4) receipt
확인 문제 3-1	(1) ○ (2) ×
확인 문제 3-2	(1) (t)radition (2) (e)nvironmental
	(3) (s)weat

확인 문제 3-1
해설 (1) effect는 '영향', '결과', '효과'라는 의미이므로, 우리말에 맞는 표현이다.
(2) recipe는 '조리(요리)법'이라는 뜻이므로, 우리말과 맞지 않는다. receipt(영수증)로 고쳐 써야 한다.

확인 문제 3-2
해석 (1) 전통: 매우 오래된 믿음이나 어떤 것을 하는 관습 또는 방식
(2) 환경의: 자연 세계와 관련한
(3) 땀: 더울 때 피부에 생기는 액체

필수 예제 4	(1) apology (2) patient
	(3) disadvantage (4) career
확인 문제 4-1	(1) × (2) ○
확인 문제 4-2	(1) (a)pologize (2) (p)atience
	(3) (a)dvantage

확인 문제 4-1
해설 (1) symbol은 '상징'이라는 뜻이므로, 우리말과 맞지 않는다. silence(침묵, 고요)로 고쳐 써야 한다.
(2) career는 '직업', '경력'이라는 의미이므로, 우리말에 맞는 표현이다.

확인 문제 4-2
해석 (1) 사과하다: 잘못된 일을 한 것에 대해 미안하다고 말하다
(2) 참을성, 인내심: 불평하지 않고 오랜 시간을 기다릴 수 있음
(3) 유리한 점, 이점, 장점: 다른 사람들보다 더 성공하도록 도움을 주는 것

2주 3일 필수 체크 전략 ❷   pp. 56~57

1 ⑤   **2** (t)raditional   **3** ①   **4** environment
5 symbol

1 해석 소리나 소음이 없음
① 기원, 유래
② 운반인, 운송업자
③ 참을성, 인내심
④ 조리(요리)법
⑤ 침묵, 고요

2 해설 윷놀이는 우리나라의 전통 놀이이므로, 빈칸에는 '전통의', '전통적인'이라는 뜻의 traditional이 알맞다.

해석 설날에 사람들은 전통적인 한국 놀이인 윷놀이를 한다.

© miniwide / Shutterstock

3 해설 effect는 '영향', '결과', '효과'라는 의미로, cause(원인, 이유)와 의미가 반대된다.

해석 그녀는 자신이 한 행동의 결과에 대해서 걱정했다.
② 직업, 경력
③ 땀, 땀을 흘리다
④ 사과
⑤ 유리한 점, 이점, 장점

4 해설 '환경'에 해당하는 명사는 environment이다.

5 해설 〈보기〉 사과 / 운반인, 운송업자 / 상징 / 영수증
국기는 한 나라의 상징이다.

2주 4일 교과서 대표 전략 ❶   pp. 58~61

1 Safety   2 apologize   3 (s)eed   4 ③   5 ①
6 (d)irty   7 (t)emperature   8 (1) trash   (2) disaster
9 ④   10 ⑤   11 ④   12 recipe
13 experiment → experience   14 (t)raditional
15 그 탑(타워)은 도시의 상징이다.   16 ⑤

1 해설 risk: 위험 / safety: 안전

2 해설 〈보기〉의 두 단어는 명사와 동사의 관계이므로, 빈칸에는 명사 apology의 동사형을 써야 한다.

해석 〈보기〉 상징 – 상징하다
사과 – 사과하다

3 해설 새로운 식물로 자랄 수 있는, 식물에서 나온 작은 것 → 씨, 씨앗

4 해설 ③은 '나는 부모님이 자랑스럽다.'라는 의미의 문장으로, proud는 '자랑스러운'이라는 뜻이다.

해석 ① 파도가 매우 강하다.
② 그 방은 매우 조용했다.
④ 지구는 아름다운 행성이다.
⑤ 우리는 전통 시장을 방문했다.

5 해설 ① '설탕 같은 맛이 나는'은 sweat(땀, 땀을 흘리다)가 아닌, sweet(달콤한, 단)의 영영 풀이이다.

해석 ② 병, 아픔: 건강하지 못한 상태
③ 존경, 존중: 누군가를 존경하는 감정
④ 보물: 금이나 은과 같은 귀중품
⑤ 전문가: 특정 분야에 특별한 기술이나 지식이 있는 사람

6 해설 흙탕물을 뒤집어쓴 개를 가리키는 말이므로, 빈칸에는 '더러운', '지저분한'의 뜻이 있는 dirty가 알맞다.

해석 지저분한 개를 좀 씻겨 줄래?

7 해설 temperature: 온도, 기온, 체온

해석 지구가 점점 뜨거워지고 있다.
= 지구의 온도가 올라가고 있다.

8 해설 〈보기〉 쓰레기 / 믿음, 신념, 확신 / 침묵, 고요 / 재난, 재해
(1) 그녀는 "우리가 저 쓰레기를 치울 거야."라고 말했다.
(2) 우리는 쓰나미와 같은 자연재해를 막을 수 없다.

9 해설 career는 '직업', '경력'이라는 의미이다. '운반인', '운송업자'는 carrier라고 써야 한다.

10 해설 ⑤는 서로 의미가 비슷한 유의어 관계이고, 나머지는 서로 의미가 반대인 반의어 관계이다.

해석 ① 영향, 결과, 효과 – 원인, 이유
② 가뭄 – 홍수
③ 유리한 점, 이점, 장점 – 불리한 점, 약점
④ 실패 – 성공
⑤ 질병, 병 – 병, 아픔

11 해설 차의 가격을 묻는 문장으로, price(가격)를 수식하는 말로 가장 적절한 것은 ④ original(원래의, 독창적인)이다.

해석 파란색 차의 원래 가격은 얼마였나요?
① 더러운, 지저분한
② 침묵하는, 조용한
③ 참을성(인내심) 있는
⑤ 해로운, 유해한

12 해설 curry(카레)로 보아, recipe(조리(요리)법)가 알맞다. receipt는 '영수증'이라는 뜻이다.

해석 A: 너는 카레의 조리법을 알고 있니?
B: 응, 쉬워.

13 해설 주어진 문장은 '디즈니랜드는 여러분에게 놀라운 실험을 줄 것이다.'라고 해석되므로, experiment(실험)를 '경험'이라는 뜻의 명사인 experience로 고쳐 써야 한다.

14 해설 '전통적인'에 해당하는 단어는 traditional이다.

15 해설 symbol은 '상징'이라는 뜻으로, a symbol of는 '~의 상징'으로 해석할 수 있다.

© CJ Nattanai / Shutterstock

16 해설 • environment: 환경
• environmental: 환경의

해석 • 환경을 보호하는 것은 매우 중요하다.
• 다음 주에 그 학생들은 환경 캠페인을 시작할 것이다.
① 세부 사항
② 비밀, 비결
③ 참을성, 인내심
④ 성격, 개성

1 ③ **2** ① **3** ⑤ **4** ④ **5** ⑤ **6** recipe

1 해석 다른 사람들에게 숨기는 어떤 것
① 홍수
② 믿음, 신념, 확신
③ 비밀, 비결
④ 말하기, 연설
⑤ 사과

2 해석 어떤 일이 일어나도록 만드는 사물이나 사람
① 원인, 이유
② 상태, 국가
③ 침묵, 고요
④ 해, 피해, 손해, 해를 끼치다
⑤ 성공

3 해설 trash는 '쓰레기'라는 의미이므로, 영영 풀이로 알맞은 것은 ⑤ '더 이상 쓸모가 없어서 버리는 것들'이다.

해석 친구들과 나는 길거리에서 쓰레기를 주웠다.
① 과학적인 검사
② 같은 지역에서 사는 사람들
③ 한 사람이 오랫동안 한 일
④ 좋지 않은 일이 일어날 가능성

4 해설 〈보기〉와 ④는 명사와 형용사의 관계이다. ①과 ③은 반의어 관계, ②는 유의어 관계, ⑤는 명사와 동사의 관계이다.

해석 〈보기〉 전통 – 전통의, 전통적인
① 위험 – 안전
② 병, 아픔 – 질병, 병
③ 성공 – 실패
④ 기원, 유래 – 원래의, 독창적인

⑤ 믿음, 신념, 확신 – 믿다

[5~6] 지문 해석

여러분은 집이나 학교, 혹은 <u>지역 사회</u>에서 다른 문화를 경험하나요? 여러분의 경험을 전 세계의 십 대들과 공유하세요.
Kelly · 시카고, 14세
푸드 트럭이 우리 이웃에 와서 다른 나라 음식을 제공해요. 지난 토요일에 저는 한국 불고기 컵밥을 먹었는데 매우 맛있었어요. 여러분도 드셔 보세요. 저는 집에 와서 인터넷에 접속해 <u>요리법</u>을 찾아봤어요. 언젠가 이 한국 음식을 요리하고 싶어요.

5 해설 home(집), school(학교)에 이어 빈칸이 있으므로, 이 둘의 개념과 상응하며 school보다는 더 넓은 개념이 필요하다. 또한 Kelly의 이야기 속 neighborhood(이웃)와도 연결되어야 하므로, 빈칸에는 '지역 사회', '공동체'를 뜻하는 community가 적절하다.

해석 ① 씨, 씨앗
② 운반인, 운송업자
③ 성격, 개성
④ 존경, 존중, 존경하다

6 해설 음식을 만드는 방법을 설명한 설명서 → <u>조리(요리)법</u>

2주 누구나 합격 전략 pp. 64~65

1 ⑤   2 (1) effect   (2) illness   (3) advantage   3 ②
4 patient   5 ②   6 effort   7 sweet

1 해설 ⑤ enviroment → environment

2 해설 (1) cause(원인, 이유)와 반대되는 의미를 가진 단어는 '결과' 등의 뜻이 있는 effect이다.
(2) disease(질병, 병)와 비슷한 의미를 가진 단어는 '병' 등의 뜻이 있는 illness이다.
(3) disadvantage(불리한 점, 약점)와 반대되는 의미를 가진 단어는 '유리한 점' 등의 뜻이 있는 advantage이다.

해석 〈보기〉 영향, 결과, 효과 / 유리한 점, 이점, 장점 / 병, 아픔

3 해설 '사물 또는 사람의 상태'를 뜻하는 말은 state(상태)이다.

해석 ① 위험
② 상태, 국가
③ 자랑스러움, 자부심
④ 안전
⑤ 전통

4 해설 이어지는 문장에서 먹으라고 할 때까지 기다린다고 한 것으로 보아, '참을성(인내심) 있는'의 뜻을 가진 patient가 알맞다. silent는 '침묵하는', '조용한'이라는 뜻이다.

해석 내 개는 참을성이 있다. 그는 내가 먹으라고 할 때까지 음식을 기다린다.

© Akira Koike 1KG3 / Shutterstock

[5~6] 지문 해석

'실패는 성공의 어머니이다.'라는 속담이 있다. 만약 당신이 목표를 달성하지 못했더라도 괜찮다. 실패는 또한 좋은 경험이다. 당신은 그것으로부터 많은 것을 배울 수 있다. 그러니 계속 노력해라! 당신의 노력은 언젠가 성공으로 이어질 것이다.

5 해설 빈칸 앞뒤의 내용으로 보아, 빈칸에는 '성공의 어머니'이자 '많은 것을 배울 수 있는 좋은 경험'이 될 수 있는 ② '실패'가 가장 알맞다.

해석 ① 비밀, 비결
③ 말하기, 연설
④ 의학, 약
⑤ 실험

6 해설 무언가를 하기 위해 열심히 노력하는 행위 → <u>노력</u>

7 해설 '달콤한 냄새'를 표현하려면 '냄새'를 뜻하는 smell 앞에

'달콤한'이라는 의미가 있는 형용사가 와야 한다. 따라서 '달콤한', '단'이라는 뜻이 있는 sweet가 알맞다. sweat는 명사로는 '땀', 동사로는 '땀을 흘리다'라는 뜻이다.

해석 Gray 씨의 빵집
내가 모퉁이를 돌아 걸어갈 때 Gray 씨의 빵집에서 달콤한 냄새가 풍겨 나온다. 그녀는 빵과 케이크를 굽기 위해 정말 일찍 일어난다. 가끔 그녀는 새로운 종류의 빵을 만든다. 그러면 우리는 그것을 공짜로 맛볼 수 있다. 그녀의 빵은 항상 훌륭하다. 그녀는 마치 마술사 같다. 그녀는 밀가루, 우유, 달걀로 놀라운 일을 해낸다. 얼마나 멋진 직업인가!
"나는 신선한 빵을 굽기 위해 4시에 일어나야 해요."

© GoodStudio / Shutterstock

성격, 개성	가뭄	침묵하는, 조용한
personality	drought	silent

D	P	O	N	E	J	G	L	T	R	T	B	H	Q	X
P	C	A	L	X	Z	Q	A	K	K	O	Y	U	R	C
E	P	B	F	P	J	M	Y	Q	D	Q	H	N	E	G
R	C	J	C	E	R	X	Z	U	J	Q	M	S	Y	Q
S	C	N	H	R	N	Y	D	I	R	T	Y	S	K	J
O	V	U	H	T	D	K	U	N	I	V	E	R	S	E
N	X	V	I	F	I	B	R	U	K	J	T	V	K	J
A	Z	S	N	N	S	L	L	T	W	V	J	K	G	X
L	M	I	F	D	A	C	X	X	Y	M	P	V	K	H
I	I	L	X	Q	S	E	K	T	U	L	Q	O	J	R
T	L	E	M	A	T	R	X	R	X	I	R	M	W	I
Y	G	N	F	C	E	K	F	I	O	F	N	A	J	D
O	J	T	D	Q	R	I	L	D	R	O	U	G	H	T
X	Z	S	O	P	V	E	Q	E	G	C	R	B	Q	T
S	K	C	Z	O	E	D	X	K	M	T	R	A	E	U

2주 **창의·융합·코딩 전략 ❶**　　pp. 66~67

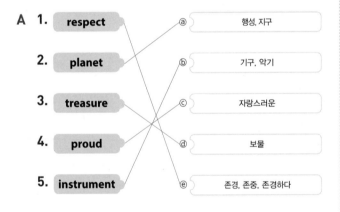

A
1. respect — ⓔ 존경, 존중, 존경하다
2. planet — ⓐ 행성, 지구
3. treasure — ⓓ 보물
4. proud — ⓒ 자랑스러운
5. instrument — ⓑ 기구, 악기

B
1. instrument
2. proud
3. respect

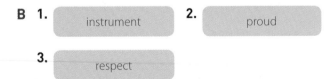

어휘 Why don't we ~? 우리 ~하는 게 어때?

C
더러운, 지저분한	전문가	우주
dirty	expert	universe

2주 **창의·융합·코딩 전략 ❷**　　pp. 68~69

D
1. harmful : 해로운, 유해한
2. wave : 파도, 물결
3. symbol : 상징
4. personal : 개인의, 개인적인
5. apologize : 사과하다
6. experiment : 실험

E
1. harmful
2. wave
3. experiment

어휘 fine dust 미세 먼지 careful 조심하는
during ~ 동안, ~ 중에

F

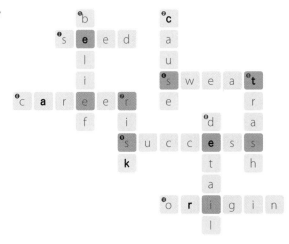

해석 [Across]
❹ 더울 때 피부에 생기는 액체 → 땀
❾ 성공 : 실패 = 유리한 점, 이점, 장점 : 불리한 점, 약점
❿ 환경 : 환경의 = 기원, 유래 : 원래의, 독창적인

[Down]
❼ 좋지 않은 일이 일어날 가능성 → 위험

신유형·신경향·서술형 전략

pp. 72~75

1 (A) respond   (B) shout   2 attack
3 (A) personality   (B) original
4 (1) symbol   (2) symbolize   5 pollute
6 appear   7 (A) advantage   (B) disadvantage
8 (1) medicine   (2) tradition

1 해설 (A) reply(대답하다, 답장하다)와 의미가 비슷한 단어는 respond(대답하다, 응답하다, 반응하다)이다.
(B) whisper(속삭이다)와 의미가 반대인 단어는 shout(외치다, 소리 지르다)이다.

2 해설 고양이가 쥐를 공격하려고 하므로, 빈칸에는 '공격하다'라는 뜻의 attack이 알맞다.

해석 고양이가 쥐를 공격하려고 한다.

3 해설 (A) 명사가 와야 하므로 personality(성격, 개성)가 알맞다.
(B) origin(기원, 유래)의 형용사형은 original(원래의, 독창적인)이다.

해석 더러운, 지저분한 / 원래의, 독창적인 / 성격, 개성 / 해로운, 유해한 / 참을성(인내심) 있는 / 사과하다

4 해설 (1) 네잎클로버는 행운을 나타내므로, 빈칸에는 '상징'이라는 뜻의 symbol이 알맞다.
(2) 표시가 recycling(재활용)을 나타내고 있으므로, 빈칸에는 '상징하다'라는 뜻의 symbolize가 알맞다.

해석 (1) 네잎클로버는 행운의 상징이다.
(2) 이 표시는 재활용을 상징한다.

5 해설 solve와 solution은 동사와 명사의 관계이므로, 빈칸에는 pollution의 동사형인 pollute가 알맞다.

해석 해결하다, 풀다 – 해결책, 해법
오염시키다 – 오염, 공해

6 해설 '갑자기 또는 처음으로 시야에 들어오다'라는 의미가 있는 단어는 appear(나타나다, 출현하다)이다.

해석 태양이 구름 뒤에서 나타나기 시작했다.

7 해설 (A)와 (B)는 반의어 관계에 있으므로, 의미가 서로 반대인 advantage와 disadvantage가 알맞다.

해석 (A) 실패 / 유리한 점, 이점, 장점 / 가뭄
(B) 위험 / 원인, 이유 / 불리한 점, 약점

8 해설 (1) 약 먹을 시간이다.
아플 때 낫게 해 주는 것
(2) 각 나라에는 특별한 전통이 있다.

적중 예상 전략 | ❶

pp. 76~79

1 ②   2 ③   3 (e)nvy   4 ④   5 correct
6 (o)vercome   7 (1) shout   (2) rush   8 (p)repare
9 (1) donation   (2) breath
10 (1) suggestion   (2) complaint   11 ⑤   12 ③
13 ④   14 disappeared   15 ③   16 ④
17 prevent   18 (A) weigh   (B) breathe

1 해석 이해하기 더 쉽게 하기 위해 누군가에게 어떤 것에 대해
말하다
① 들어가다(오다), 참가하다
② 설명하다
③ 이루다, 성취하다
④ 제공하다, 공급하다
⑤ 상상하다

2 해설 '어떤 사람이 처음으로 만든 것'에 해당하는 단어는 ③
invention(발명품, 발명)이다.

해석 제 꿈은 과학자가 되는 것입니다. 저는 가장 위대한 발
명품을 만들 것입니다!
(어떤 사람이 처음으로 만든 것)
① 해결책, 해법
② 오염, 공해
④ 묘사, 서술
⑤ 연결, 접속

3 해석 남이 가진 것에 질투를 느끼다 → 부러워하다, 질투하다

어휘 jealous 질투하는

4 해설 '그는 선생님의 질문에 정중하게 ~했다.'라는 의미의 문
장이므로, 빈칸에 들어갈 적절한 단어는 ④ respond(대답하
다, 응답하다, 반응하다)이다.

해석 그는 선생님의 질문에 정중하게 대답했다.
① 지휘하다, 감독하다
② 기부하다, 기증하다
③ 연결하다, 접속하다
⑤ 묘사하다, 서술하다

어휘 politely 정중하게, 예의 바르게

5 해설 '정확한 정보'를 영어로 표현하려면 information(정보)
앞에 '정확한'이라는 뜻의 형용사가 와야 한다.
collect: 모으다, 수집하다 / correct: 정확한, 옳은

어휘 Make sure you ~ (반드시) ~하라

6 해설 '극복하다'라는 의미의 동사가 필요하므로, 빈칸에는
overcome이 알맞다.

어휘 bungee jumping 번지 점프
fear 공포, 두려움

7 해석 〈보기〉 얼다, 얼리다 / 이해하다 / 외치다, 소리 지르다 /
서두르다, 돌진하다
(1) 큰 목소리로 무언가 말하다 → 외치다, 소리 지르다
(2) 누군가 또는 무언가를 향해 매우 빠르게 움직이다 → 서두
르다, 돌진하다

어휘 loud (소리가) 큰, 시끄러운
quickly 빨리, 빠르게
towards ~ 쪽으로, ~을 향하여

8 해설 '무언가를 위한 준비를 하다'라는 뜻을 가진 단어는
prepare(준비하다)이다.

해석 나는 내일 있을 시험을 준비해야 한다.
(무언가를 위한 준비를 하다)

어휘 get ready 준비하다

9 해설 (1) 많은 생명을 구할 수 있다고 했으므로, 빈칸에는 '기
부', '기증'을 뜻하는 donation이 알맞다.
cf. blood donation: 헌혈
(2) 딸꾹질(hiccup)이 날 때의 대처 방법이므로, 빈칸에는
'숨', '호흡'을 뜻하는 breath가 알맞다.

해석 〈보기〉 암 / 숨, 호흡 / 기부, 기증
(1) 혈액 기증(헌혈)은 많은 생명을 구할 수 있습니다.
(2) 딸꾹질이 날 때는 숨을 참으세요.

어휘 blood 피, 혈액
hold one's breath 숨을 참다
have the hiccups 딸꾹질하다

10 해설 (1) 빈칸에는 '제안'의 뜻을 가진 suggestion이 알맞다.

(2) 빈칸에는 '항의'의 뜻을 가진 complaint가 알맞다.

해석 〈보기〉 제안 / 불평(항의), 불만 / 편집자

어휘 noise 소음
between ~ 사이에, ~ 중간에
floor (건물의) 층

11 해설 먹고 싶었던 치킨을 발견한 뒤의 행동이므로, '신나서 펄쩍 뛰었다'라는 내용이 되는 것이 자연스럽다.
cf. in excitement: 신나서, 흥분하여

해석 나는 어제 치킨이 정말 먹고 싶었어. 그리고 무슨 일이 있었게? 내가 집에 도착했을 때, 식탁 위에 치킨이 있었어! 나는 신나서 펄쩍 뛰었어.
① 관리자, 감독
② 발명품, 발명
③ 연결, 접속
④ 묘사, 서술
⑤ 흥분, 신남

어휘 guess 짐작하다, 알아맞히다

12 해설 ③은 '내가 한 일을 용서해 줘.'라는 의미의 문장으로, forgive는 '용서하다'라는 뜻이다.

해석 ① 우리는 여행을 취소했다.
② 당근을 다져 주겠니?
④ 그 아기는 5까지 숫자를 셀 수 있다.
⑤ 우리는 포토 카드를 교환했다.

13 해설 ⓐ '한 일에 대해 유감스럽다'는 ③ regret(후회하다)에 대한 영영 풀이이다.
ⓑ '답으로써 어떤 말을 하거나 쓰거나, 또는 어떤 것을 하다'는 ② reply(대답하다, 답장하다)에 대한 영영 풀이이다.
ⓒ '어떤 문제를 끝낼 방법을 찾거나 답을 찾다'는 ① solve (해결하다, 풀다)에 대한 영영 풀이이다.

ⓓ '어떤 특별한 이유로 물건을 구해서 한군데 모으다'는 ⑤ collect(모으다, 수집하다)에 대한 영영 풀이이다.
④ invent는 '발명하다'라는 뜻으로 해당하는 영영 풀이가 없다.

어휘 end 끝내다, 결말을 내다
keep ~ together ~을 한군데 모아 두다
particular 특정한, 특별한
reason 이유

14 해설 '모기가 바로 눈앞에 있었다'라는 문장 다음에 but이 나온 것으로 보아, disappeared(사라졌다)가 알맞다.
appear: 나타나다, 출현하다 / disappear: 사라지다

해석 모기가 바로 눈앞에 있었는데, 사라졌어!

어휘 mosquito 모기
in front of ~의 앞에

© miniwide / Shutterstock

15 해설 ③은 동사와 형용사의 관계이고, 나머지는 모두 동사와 명사의 관계이다.

해석 ① 무게(체중)가 ~이다 – 무게, 체중
② 들어가다(오다), 참가하다 – (출)입구, 입장
③ 성공하다 – 성공한, 성공적인
④ 상상하다 – 상상력, 상상
⑤ 이루다, 성취하다 – 업적, 성취

16 해석 • 세부 사항을 제공해 주세요.
• 우리 학교는 아침 식사로 빵과 우유를 제공한다.
① 편집하다
② 수리하다, 고치다
③ 설명하다
④ 제공하다, 공급하다
⑤ 오해하다

17 해설 강이나 바다에 쓰레기 버리지 않기와 세제 사용 줄이기

는 오염을 막는 방법이므로, '막다', '예방하다'라는 의미의 prevent가 알맞다. prepare는 '준비하다'라는 뜻이다.

해석 A: 오염을 어떻게 막을 수 있을까?
B: 강이나 바다에 쓰레기를 버리지 말아야 해.
A: 또 뭐가 있을까?
B: 우리는 샴푸와 같은 세제를 너무 많이 사용하지 말아야 해.
A: 그래! 우리 함께 오염을 막고 지구를 보호하자!

어휘 ocean 바다, 대양
cleaner 세제
shampoo 샴푸

18 **해설** (A) 첫 번째 문단은 고래의 크기와 무게에 관한 글로, 새끼 흰긴수염고래의 무게가 약 1톤이라는 내용이 되는 것이 자연스럽다. weigh: 무게(체중)가 ~이다
(B) 숨을 쉬려고 수면으로 올라온다는 앞 문장의 내용으로 보아, 숨을 쉬러 올라올 때 가끔 대변을 본다는 내용이 되는 것이 자연스럽다. breathe: 숨 쉬다, 호흡하다

해석 고래는 물속에서 사는 덩치가 매우 큰 동물입니다. 흰긴수염고래의 혀는 코끼리만한 크기이며, 심장은 작은 자동차만한 크기입니다. 남극해의 덩치가 큰 어떤 흰긴수염고래는 길이가 30.5미터였으며, 무게는 약 150톤이었습니다. 심지어 새끼 흰긴수염고래도 큽니다. 새끼 흰긴수염고래는 태어날 때의 무게가 약 1톤입니다.
고래는 매우 유용한 동물입니다. 고래는 물속에서 숨을 쉴 수 없기 때문에 이따금씩 숨을 쉬려고 수면으로 올라옵니다. 숨을 쉬러 올라올 때 그들은 가끔 대변을 봅니다. 그들의 대변은 수면 근처에 있는 해양 동물들의 먹이가 됩니다. 고래는 심해에서도 동물들에게 유익합니다. 죽은 고래의 시체는 바다 깊이 가라앉습니다. 이것은 고래 사체라고 합니다. 이것은 거기에 있는 많은 물고기들에게 먹이가 됩니다.

어휘 whale 고래
tongue 혀
useful 유용한, 쓸모 있는
surface 표면
from time to time 이따금, 가끔

© Tany Gust / Shutterstock

적중 예상 전략 | ❷ pp. 80~83

1 ⑤　　2 (e)xperiment　　3 (i)nstrument　　4 ④
5 ②　　6 advantage　　7 (1) safety　　(2) risk
8 (p)roud　　9 (1) seed　　(2) sweat　　10 경험　　11 ⑤
12 ④　　13 ④　　14 (1) (t)raditional　　(2) (u)niverse
15 ③　　16 treasure　　17 ①　　18 ①　　19 trash

1 **해석** 병, 아픔: 건강하지 못한 상태
① 바쁜
② 혼자인, 외로운
③ 화가 난
④ 튼튼한, 강한

2 **해석** 어떤 것을 밝혀내기 위한 과학적인 시험 → 실험

3 **해석** 예를 들어 피아노나 북처럼 소리를 만드는 데 사용되는 물건 → 악기

어휘 drum 북, 드럼

4 **해설** detail은 '세부 사항'이라는 뜻이므로, 영영 풀이로 알맞은 것은 ④ '어떤 것에 대한 작은 사실이나 정보'이다.

해석 무엇이든지 서명하기 전에 모든 세부 사항을 읽어야 합니다.
① 소리나 소음이 없음
② 금이나 은과 같은 귀중품
③ 무언가에 대해 미안하다고 하는 말
⑤ 무언가를 구입했음을 보여 주는 종이 한 장

어휘 lack 부족, 없음
valuable 귀중한, 값비싼
fact 사실

© nito / Shutterstock

5 **해설** This is so delicious!에서 음식에 관한 대화임을 알 수 있다. cookbook(요리책)에서 찾았다고 했으므로, 빈칸에는 ② '조리(요리)법'이 가장 적절하다.

해석 A: 이거 정말 맛있다! 조리법을 어디에서 배웠니?
B: 요리책에서 찾았어.
① 믿음, 신념, 확신
③ 전문가
④ 운반인, 운송업자
⑤ 행성, 지구

어휘 delicious (매우) 맛있는
cookbook 요리책

6 해설 가수로서 아름다운 목소리는 장점이 되므로, '유리한 점', '이점', '장점'이라는 뜻의 advantage가 알맞다. disadvantage 는 '불리한 점', '약점'이라는 뜻이다.

해석 가수로서 아름다운 목소리는 그녀에게 큰 장점을 안겨 주었다. 그녀의 노래하는 목소리는 사람들을 기분 좋게 했고, 많은 사람들이 그녀의 노래를 좋아했다.

7 해설 risk는 '위험', safety는 '안전'이라는 뜻이다. 엄마가 하는 말이므로 (1)은 safety가 알맞고, 헬멧 없이 오토바이를 타는 행위는 위험하므로 (2)는 risk가 알맞다.

해석 (1) 엄마는 내게 안전을 위해 헬멧을 쓰라고 말씀하셨다.
(2) 헬멧 없이 오토바이를 타는 것은 당신을 위험에 빠뜨릴 수 있다.

어휘 helmet 헬멧
ride (탈것을) 타다
motorcycle 오토바이

8 해설 '달성한 것에 대해 매우 기쁘고 만족하는'이라는 의미가 있는 단어는 proud(자랑스러운)이다.

해석 그는 자신의 시험 결과가 정말 자랑스러운 것처럼 보였다.
(달성한 것에 대해 매우 기쁘고 만족하는)

어휘 result 결과
pleased 기쁜, 만족해하는

9 해설 (1) 아이들이 씨앗을 심고 있는 그림이므로, 빈칸에는 '씨', '씨앗'을 뜻하는 seed가 알맞다.
(2) 땀을 흘리며 잠에서 깬 그림이므로, 빈칸에는 '땀'을 뜻하는 sweat이 알맞다.

해석 〈보기〉 씨, 씨앗 / 노력 / 기원, 유래 / 땀, 땀을 흘리다

(1) 식목일을 맞아 아이들이 씨앗을 심고 있다.
(2) 나는 가끔 한밤중에 식은땀을 흘리며 깬다.

어휘 Arbor Day 식목일
plant 심다
in the middle of ~의 도중에, ~의 중간에

10 해설 밑줄 친 experience는 명사로 쓰였으며, '경험'이라는 뜻이다. *cf.* experiment: 실험

해석 그 코치는 선수들과 자신의 경험을 공유하고 그들에게 조언을 해 주었다.

어휘 coach 코치
share 공유하다, 나누다
advice 조언, 충고

11 해설 17 ℃는 기온을 나타내므로, 빈칸에는 ⑤ temperature (온도, 기온, 체온)가 알맞다.

해석 일기 예보에 오신 것을 환영합니다. 오늘의 최고 기온은 17도가 될 것입니다. 오후에는 비가 올 예정이므로, 우산 없이 집을 나서지 마십시오.
① 파도, 물결
② 말하기, 연설
③ 전통
④ 의학, 약

어휘 weather forecast 일기 예보
umbrella 우산

© miniwide / Shutterstock

12 해설 ④는 '너무 강한 햇볕은 피부에 해로울 수 있다.'라는 의미의 문장으로, harmful은 '해로운', '유해한'이라는 뜻이다.

해석 ① 늦은 배송에 사과드립니다.
② 그 쌍둥이는 성격이 매우 다르다.
③ 방에 있던 모든 사람이 충격 상태에 빠졌다.
⑤ 나는 그가 내 돈을 가지고 사라졌다는 것이 아직도 믿기지 않는다.

어휘 late 늦은
delivery 배달
twin 쌍둥이 중 한 명
skin 피부

13 해설 ⓐ '자연 세계와 관련한'은 ⑤ environmental(환경의)에 대한 영영 풀이이다.
ⓑ '말하지 않거나 어떤 소리도 내지 않는'은 ① silent(침묵하는, 조용한)에 대한 영영 풀이이다.
ⓒ '갑자기 일어나는 매우 안 좋은 일'은 ③ disaster(재난, 재해)에 대한 영영 풀이이다.
ⓓ '특정 분야에 특별한 기술이나 지식이 있는 사람'은 ② expert(전문가)에 대한 영영 풀이이다.
④ respectful은 '존경하는', '공손한'이라는 뜻으로 해당하는 영영 풀이가 없다.

어휘 relating to ~와 관련한
natural 자연의
skill 기술
knowledge 지식
certain 특정한, 일정한

14 해설 (1) '전통적인'에 해당하는 형용사가 필요하므로, 빈칸에는 traditional이 알맞다.
(2) '우주'에 해당하는 명사가 필요하므로, 빈칸에는 universe가 알맞다.

어휘 look around 둘러보다
long ago 옛날에
center 중심, 중앙

15 해설 〈보기〉와 ③은 의미가 서로 반대인 반의어 관계이다. ①은 명사와 형용사의 관계, ④는 명사와 동사의 관계, ⑤는 형용사와 명사의 관계이다.

해석 〈보기〉 실패 – 성공
① 먼지, 때, 흙 – 더러운, 지저분한
② 땀, 땀을 흘리다 – 달콤한, 단

③ 원인, 이유 – 영향, 결과, 효과
④ 상징 – 상징하다
⑤ 개인의, 개인적인 – 성격, 개성

16 해설 그림은 보물 지도로, 보물(treasure)이 어디에 있는지 표시가 되어 있다.

해석 "봐! 이 지도는 보물이 어디에 있는지 보여 줘."라고 그가 말했다. "나는 많은 금과 보석을 발견할 거야!"

어휘 map 지도
jewel 보석

© Tancha / Shutterstock

17 해설 disease는 '질병', '병'이라는 뜻이므로, 이와 의미가 비슷한 ① illness(병, 아픔)와 바꾸어 쓸 수 있다.

해석 그는 딸의 병을 치료하기 위해 무엇이든지 할 것이다.
② 비밀, 비결
③ 가뭄
④ 존경, 존중, 존경하다
⑤ 참을성, 인내심

어휘 treat 치료하다

[18~19] 지문 해석
독자 투고
소담공원은 모두를 위한 곳이다!
소담공원은 나와 많은 다른 이들에게 매우 중요한 장소이다. 나는 종종 가족 소풍을 위해 공원을 방문한다. 많은 사람이 공원에서 휴식을 취하거나 운동을 한다. 그러나 요즘 이 아름다운 장소가 점점 더러워지고 있다. 어떤 사람들은 목줄 없이 개를 산책시키고 배설물도 치우지 않는다. 어떤 십 대들은 쓰레기를 여기저기에 남겨 둔다. 우리는 이 공원을 깨끗하게 지켜야 한다. 이곳은 모든 이들을 위한 장소이다!
한보미, 동문동

어휘 picnic 소풍

relax 휴식을 취하다
lovely 사랑스러운, 아름다운
leash (개 등을 매어 두는) 가죽끈

18 해설 개의 배설물을 치우지 않거나 쓰레기를 여기저기에 남겨 둔다는 내용이 이어지는 것으로 보아, 원래는 아름다웠던 공원이 더러워지고 있음을 알 수 있다.

해석 ① 더러운, 지저분한
② 자랑스러운
③ 참을성(인내심) 있는
④ 원래의, 독창적인
⑤ 의학의, 의료의

19 해석 더 이상 쓸모가 없어서 버리는 것들 → 쓰레기

어휘 throw away 버리다
no longer 더 이상 ~ 아닌

BOOK 2

정답과 해설

BOOK 2 정답과 해설

1주 동사 2

해석 ❶ 이걸로 거울 좀 **닦아** 줄래?

해석 ❷ 누가 우리를 빤히 **쳐다보고** 있어!

해석 ❸ 큰 종이배가 호수 위에 **떠** 있어!

해석 ❹ 친구가 생일 파티에 우리를 **초대했어요.**

1주 1일 개념 돌파 전략 ❶
pp. 8~11

1-1 expect
1-2 (1) notice   (2) remain   (3) apply
2-1 remind
2-2 (1) suffering   (2) transferred   (3) wipe
3-1 escape
3-2 (1) persuade   (2) attend   (3) mention
4-1 recommend
4-2 (1) staring   (2) spread   (3) realized

1주 1일 개념 돌파 전략 ❷
pp. 12~13

A 1. 옮기다, 환승하다
  2. 퍼뜨리다, 펼치다〔벌리다〕
  3. 지원하다, 신청하다
  4. 깨닫다
  5. 참석하다, 다니다
  6. 추천하다, 권하다
  7. 남아 있다, 계속 ~이다
  8. 언급하다, 말하다
  9. 기대하다, 예상하다
  10. 벗어나다, 탈출하다
  11. 고통받다, 겪다
  12. 설득하다
  13. 상기시키다, 생각나게 하다
  14. 알아차리다, 의식하다, 주의, 통지
  15. 응시하다, 빤히 쳐다보다
  16. 닦다, 닦기

B 1. remain   2. attend   3. wipe   4. mention
  5. suffer   6. apply   7. stare
  8. recommend   9. notice   10. escape
  11. persuade   12. realize   13. spread
  14. transfer   15. remind   16. expect

C 1. ③   2. ①   3. ②

D 1. ②   2. ①   3. ③

C 해석 1. 몇몇 학부모가 아이들의 수업에 참석할 것이다.
① 퍼뜨리다, 펼치다(벌리다)
② 상기시키다, 생각나게 하다
③ 참석하다, 다니다
2. 그는 의과 대학에 지원했고 의사가 되었다.
① 지원했다, 신청했다
② 언급했다, 말했다
③ 추천했다, 권했다
3. 그 새는 적의 공격에서 벗어나 날아갔다.
① 닦았다
② 벗어났다, 탈출했다
③ 설득했다

D 해석 1. 신체적 혹은 정신적 고통을 경험하다
① 응시하다, 빤히 쳐다보다
② 고통받다, 겪다
③ 깨닫다
2. 계속해서 같은 상황에 있다
① 남아 있다, 계속 ~이다
② 알아차리다, 의식하다, 주의, 통지
③ 옮기다, 환승하다
3. 무슨 일이 일어날 것이라고 생각하다
① 지원하다, 신청하다
② 퍼뜨리다, 펼치다(벌리다)
③ 기대하다, 예상하다

1주 2일 필수 체크 전략 ❶
pp. 14~17

필수 예제 1	(1) refuse (2) discover, survival
	(3) practical (4) predict
확인 문제 1-1	(1) ✕ (2) ○
확인 문제 1-2	(1) (a)ccept (2) (d)iscovery (3) (r)efuse

확인 문제 1-1
해설 (1) protect는 '보호하다', '지키다'라는 뜻이므로, 우리말과 맞지 않는다. predict(예측하다)로 고쳐 써야 한다.
(2) behave는 '(예의 바르게) 행동하다', '처신하다'라는 의미이므로, 우리말에 맞는 표현이다.

확인 문제 1-2
해석 (1) 받아들이다, 인정하다: 제안에 동의하다
(2) 발견: 새로운 것을 찾거나 알게 되는 과정
(3) 거절하다, 거부하다: 어떤 일을 하고 싶지 않다는 것을 표현하다

필수 예제 2	(1) float (2) recover
	(3) motive, produce (4) related
확인 문제 2-1	(1) ○ (2) ○
확인 문제 2-2	(1) (s)ink (2) (f)loat (3) (p)roof

확인 문제 2-1
해설 (1) recover는 '회복하다', '되찾다'라는 의미이므로, 우리말에 맞는 표현이다.
(2) product는 '생산물', '상품'이라는 의미이므로, 우리말에 맞는 표현이다.

확인 문제 2-2
해석 (1) 가라앉다: 수면(물의 표면) 아래로 들어가다
(2) 뜨다, 떠가다: 수면(물의 표면) 위에 머무르다
(3) 증거, 증명: 어떤 일의 진실을 보여 주는 정보 또는 증거

1주 2일 필수 체크 전략 ❷
pp. 18~19

1 ① 2 ④ 3 ③ 4 survive 5 practical

1 해설 ①은 형용사이고, 나머지는 동사이다.

해석 ① 관련된
② (예의 바르게) 행동하다, 처신하다
③ 생산하다
④ 발견하다
⑤ 동기를 부여하다

2 해설 '행동'이라는 의미가 있는 명사는 ④ behavior이다.

해석 ① 증거, 증명
② 동기, 이유
③ 생존
⑤ 발견

3 해설 accept는 '받아들이다', '인정하다'라는 의미로, refuse (거절하다, 거부하다)와 의미가 반대된다.

해석 당신은 세상이 공평하지 않다는 것을 <u>받아들여야</u> 합니다.
① 가라앉다
② 예측하다
④ 복원하다, 회복하다
⑤ 연습하다, 연습, 실행

4 해설 '살아남다'에 해당하는 동사는 survive이다.

해석 〈보기〉 뜨다, 떠가다 / 보호하다, 지키다 / 살아남다, 생존하다 / 입증하다, 증명하다

5 해설 '실용적인'이라는 의미가 있는 형용사는 practical이다.

1주 3일 필수 체크 전략 ❶
pp. 20~23

필수 예제 3	(1) compare (2) communicate (3) debt (4) increase
확인 문제 3-1	(1) ○ (2) ✕
확인 문제 3-2	(1) (d)ebt (2) (i)nvite (3) (d)oubt

[확인 문제 3-1]
해설 (1) communication은 '의사소통', '연락'이라는 의미이므로, 우리말에 맞는 표현이다.
(2) comparison은 '비교'라는 뜻이므로, 우리말과 맞지 않는다. discussion(논의, 상의)으로 고쳐 써야 한다.

[확인 문제 3-2]
해석 (1) 빚, 부채: 빚진 돈
(2) 초대하다: 누군가에게 행사에 참석하도록 요청하다
(3) 의심하다: 어떤 것에 대해 확신이 없다

필수 예제 4	(1) development, argue (2) decoration (3) arrest
확인 문제 4-1	(1) ✕ (2) ○
확인 문제 4-2	(1) (a)rrest (2) (a)rgument (3) (r)elease

[확인 문제 4-1]
해설 (1) decorate는 '꾸미다', '장식하다'라는 뜻이므로, 우리말과 맞지 않는다. encourage(격려하다, 용기를 북돋우다)로 고쳐 써야 한다.
(2) develop은 '개발하다', '발전시키다'라는 의미이므로, 우리말에 맞는 표현이다.

[확인 문제 4-2]
해석 (1) 체포하다: 범인을 경찰서에 데려가다
(2) 언쟁, 말다툼, 주장: 다른 의견을 가진 사람들 사이의 의견 충돌
(3) 풀어 주다: 감옥 같은 곳에서 누군가를 나오게 하다

1주 3일 필수 체크 전략 ❷
pp. 24~25

1 ② **2** decorates **3** 우리는 서로 영어로 의사소통한다.
4 ② **5** reduce

1 해석 어떤 것을 심하게 해쳐서 그것이 더 이상 존재하지 않게 하다
① 논의하다, 토론하다
② 파괴하다
③ 비교하다
④ 개발하다, 발전시키다
⑤ 격려하다, 용기를 북돋우다

2 해설 to make it look good for pictures(음식이 사진에 잘 나오도록)로 보아, '꾸미다', '장식하다'라는 의미의 동사인 decorate가 알맞다. argue는 '논쟁하다', '말다툼하다'라는 의미이다.

해석 푸드 스타일리스트는 음식이 사진에 잘 나오도록 <u>꾸민다</u>.

3 해설 communicate는 '의사소통하다'라는 뜻이므로, communicate with each other는 '서로(와) 의사소통한다'로 해석할 수 있다. in English는 '영어로'라는 의미로, 의사소통의 수단에 해당한다.

4 해설 '카드를 만들다'는 make a card로 표현할 수 있다. 따라서 card 앞에 '초대', '초대장'이라는 의미가 있는 invitation이 들어간 문장이 알맞다.
① discussion: 논의, 상의
③ decoration: 장식, 장식품
④ development: 개발, 발달
⑤ encouragement: 격려

5 해설 B가 매일 한 시간씩 걸으라고 제안한 것으로 보아, 몸무게를 줄일 방법을 묻는 말이 되는 것이 알맞다. 또한, 매일 한 시간씩 걸으면 체지방도 줄 것이므로, 빈칸에는 reduce가 알맞다.

해석 〈보기〉 체포하다 / 줄이다, 감소시키다 / 풀어 주다, 발표(공개)하다 / 증가하다, 증가시키다
A: 어떻게 내 몸무게를 <u>줄일</u> 수 있을까?
B: 매일 한 시간씩 걸어 봐. 너의 체지방을 <u>줄일</u> 수 있을 거야.

ⓒ isaree / Shutterstock

![1주 4일] **교과서 대표 전략 ❶** pp. 26~29

1 ⑤   2 ⑤   3 encouragement   4 ①   5 ④
6 invitation   7 ③   8 attend   9 debt   10 ②
11 ③   12 compare   13 (b)ehave   14 ③
15 (1) decorate   (2) decoration   16 ②

1 해설 ⑤는 동사와 명사의 관계이고, 나머지는 모두 동사로 이루어진 반의어 관계이다.

해석 ① 뜨다, 떠가다 – 가라앉다
② 체포하다 – 풀어 주다, 발표(공개)하다
③ 받아들이다, 인정하다 – 거절하다, 거부하다
④ 줄이다, 감소시키다 – 증가하다, 증가시키다
⑤ 입증하다, 증명하다 – 증거, 증명

2 해석 어떤 것이 좋다고 누군가에게 말하다
① 논쟁하다, 말다툼하다
② 살아남다, 생존하다
③ 발견하다
④ 생산하다
⑤ 추천하다, 권하다

3 해설 〈보기〉의 두 단어가 동사와 명사의 관계에 있으므로, 빈칸에는 encourage의 명사형인 encouragement가 알맞다.

해석 〈보기〉 개발하다, 발전시키다 – 개발, 발달
격려하다, 용기를 북돋우다 – <u>격려</u>

4 해석 칠판 좀 <u>닦아</u> 줄래?
① 닦다, 닦기
② 응시하다, 빤히 쳐다보다
③ 빗어나다, 탈출하다
④ 파괴하다
⑤ 옮기다, 환승하다

ⓒ Impact Photography / Shutterstock

5 해설 restore는 '복원하다', '회복하다'라는 의미로, ④ recover(회복하다, 되찾다)와 바꾸어 쓸 수 있다.

해석 우리의 우정을 <u>회복하려면</u> 내가 어떻게 해야 할까?
① 의심하다, 의심
② 관련시키다, 연관시키다
③ (예의 바르게) 행동하다, 처신하다
⑤ 비교하다

1주 • 동사 2 **29**

6 해설 argument: 언쟁, 말다툼, 주장 / invitation: 초대, 초대장

7 해설 ③은 '나는 그에게 내일 집에 있으라고 <u>설득할</u> 것이다.'라는 의미의 문장으로, persuade는 '설득하다'라는 뜻이다.

해석 ① 네가 결백하다는 것을 <u>증명해</u> 보이겠다.
② 그는 탁자 위에 지도를 <u>펼쳤다</u>.
④ 내가 그 일을 할 것이라고 <u>기대하지</u> 마세요.
⑤ 문제를 곧바로 <u>알아차리기</u>는 어렵다.

8 해석 〈보기〉 고통받다, 겪다 / 참석하다, 다니다 / 동기를 부여하다 / 개발하다, 발전시키다
어떤 장소, 행사, 또는 모임에 가다 → <u>참석하다</u>

9 해설 감옥(jail)에 있다는 것으로 보아, 빚(debt)을 갚지 못했다는 내용이 되는 것이 자연스럽다.
debt: 빚, 부채 / doubt: 의심하다, 의심

해석 그 남자는 빚을 갚지 못해서 감옥에 있다.

10 해설 '논의하다'에 해당하는 동사는 ② discuss(논의하다, 토론하다)이다.

해석 A: 우리는 부산 여행에서 무엇을 할지 <u>논의할</u> 필요가 있어.
B: 그래. 거기서 할 일을 찾아보자.
① 지원하다, 신청하다
③ 깨닫다
④ 언급하다, 말하다
⑤ 의사소통하다

11 해설 친구가 된 상태를 계속 유지했다는 의미가 되는 것이 자연스러우므로, 빈칸에는 '남아 있다', '계속 ~이다'라는 의미의 동사 remain이 알맞다. remain의 과거형은 remained이다.

해석 그 경쟁자들은 친구가 되었고 여생을 그렇게 (친구로) <u>남았다</u>.
① 거절했다, 거부했다
② 상기시켰다, 생각나게 했다
④ 증가했다, 증가시켰다
⑤ 동기를 부여했다

12 해설 them이 가리키는 것은 영화와 책의 내용이다. 앞 문장에서 조금 다르다고 차이를 말하고 있으므로, 빈칸에는 '비교하다'라는 의미가 있는 compare가 알맞다.

해석 〈보기〉 초대하다 / 체포하다 / 비교하다 / 줄이다, 감소시키다
영화가 책의 내용과 조금 달라. 그러니 그 둘을 <u>비교하는</u> 것은 재미있을 거야.

13 해설 '예의 바르게 행동하다'라는 의미가 있는 동사가 필요하므로, 빈칸에는 behave((예의 바르게) 행동하다, 처신하다)가 알맞다.

14 해설 마젤란이 세상이 둥글다는 것을 '발견'했다는 내용이다.

해석 마젤란의 항해는 세상이 둥글다는 것을 증명했다. 이 <u>발견</u>은 모두를 깜짝 놀라게 했다.
① 생존
② 생산물, 상품
③ 발견
④ 파괴
⑤ 격려

15 해설 '꾸미다', '장식하다'라는 뜻의 동사는 decorate이고, '장식', '장식품'이라는 뜻의 명사는 decoration이다.

16 해설 · practice: 연습하다, 연습, 실행
· predict: 예측하다
· protect: 보호하다, 지키다

해석 • 나는 매주 월요일마다 축구를 <u>연습한다</u>.
• 내가 미래를 <u>예측할</u> 수 있으면 좋겠다.
• 당신은 위험으로부터 자신을 <u>보호해야</u> 합니다.

1주 4일 교과서 대표 전략 ❷

pp. 30~31

1 ④ 2 refused 3 (1) related (2) mention
4 (r)educe 5 (1) ⓒ (2) ⓑ (3) ⓐ 6 ③

1 해석 무언가를 잘하기 위해 그것을 반복적으로 하다
① 입증하다, 증명하다
② 논의하다, 토론하다
③ 회복하다, 되찾다
④ 연습하다
⑤ 생산하다

2 해설 남자아이가 머리를 젓고 있는 것으로 보아, 앞에 있는 채소를 먹고 싶지 않아 하는 것을 알 수 있다. 따라서 '거절하다', '거부하다'라는 의미가 있는 refuse가 알맞다. accept는 '받아들이다', '인정하다'라는 뜻이다.

해석 그는 오이, 피망과 같은 건강에 좋은 채소를 먹는 것을 <u>거부했다</u>.

3 해설 (1) '관련된'의 뜻을 가진 단어는 related이다.
(2) '언급하다'의 뜻을 가진 단어는 mention이다.

해석 〈보기〉 언급하다, 말하다 / 알아차리다, 의식하다, 주의, 통지 / 관련된

4 해설 '줄이다'라는 의미의 동사가 필요하므로, 빈칸에는 '줄이다', '감소시키다'라는 뜻을 가진 reduce가 알맞다.

5 해설 (1) spread: 퍼뜨리다, 펼치다(벌리다)
(2) recommend: 추천하다, 권하다
(3) protect: 보호하다, 지키다

해석 (1) 내가 너를 안아 줄 수 있게 팔을 벌려 줘.
(2) 나는 겨울에 호떡을 먹는 것을 <u>추천한다</u>.
(3) 우리는 동물을 <u>보호해야</u> 한다.

6 해설 학생들이 계획한 모금 행사이므로 부모님과 선생님들을 초대하여 함께하는 것이 자연스럽다. 따라서 빈칸에는 '초대하다'라는 뜻의 동사 invite가 알맞다.

해석 학생들은 양로원을 방문해서 그곳에 있는 분들과 시간을 보낼 계획이다.
A: 그분들께 선물을 드리자.
B: 좋은 생각이야. 그런데 어떻게 돈을 구하지?
C: 우리는 재미있는 방법으로 모금할 수 있어. 각각의 학생이 특별한 물건을 하나씩 학교에 가져와서 다른 사람에게 파는 거야.
D: 좋은 생각이야. 우리 부모님과 선생님들도 <u>초대하자</u>.
A, B, C: 그거 좋겠다.
① 닦다, 닦기
② 응시하다, 빤히 쳐다보다
④ 벗어나다, 탈출하다
⑤ 파괴하다

1주 누구나 합격 전략

pp. 32~33

1 (1) invitation (2) discussion (3) proof
(4) discovery (5) encouragement
2 (1) destruction (2) sink (3) compared
3 (a)rgument 4 ④ 5 ④
6 (1) 비교 (2) 추천하다 (3) 격려하다 7 ①

2 해설 (1) destruction: 파괴 / development: 개발, 발달
(2) suffer: 고통받다, 겪다 / sink: 가라앉다
(3) restore: 복원하다, 회복하다 / compare: 비교하다

3 해설 '말다툼'이라는 의미가 있는 명사가 필요하므로, 빈칸에는 '언쟁', '말다툼', '주장'이라는 뜻을 가진 argument가 알맞다.

4 해설 ④는 명사이고, 나머지는 동사이다.
① doubt: 의심하다
② transfer: 옮기다
③ remind: 생각나게 하다
④ communication: 의사소통
cf. communicate: 의사소통하다
⑤ persuade: 설득하다

해석 ① 자신을 의심하지 마.
② 나는 다른 학교로 옮길 예정이야.
③ 너는 네 어머니를 생각나게 해.
④ 눈을 마주치는 것은 의사소통에 중요하다.
⑤ 나는 부모님께 같이 캠핑을 하러 가자고 설득할 것이다.

5 해설 ① remaine → remain
② rerease → release
③ decoraition → decoration
⑤ pratical → practical

6 해설 (1) comparison: 비교
cf. make a comparison: 비교하다
(2) recommend: 추천하다, 권하다
(3) encourage: 격려하다, 용기를 북돋우다

해석 우리는 종종 다른 사람들과 비교를 합니다. 하지만 이것은 당신에게 좋지 않습니다. 저는 여러분이 매일 자신에 대한 세 가지 좋은 점을 찾기를 추천합니다. 이것은 여러분이 행복하게 살도록 격려해 줄 것입니다.

7 해설 해초로 자신을 두르고 친구들과 손을 잡는 이유를 설명하는 문장이므로, 빈칸에는 '뜨다', '떠가다'라는 뜻의 float가 알맞다. cf. away는 '다른 데로' 등의 의미로 이동을 표현할 때 함께 쓰이는 부사이다. float away: 떠가다, 떠내려가다

해석 Ottis 씨: 안녕하세요, 저는 바다와 해안가에 살아요. 저는 물에서 먹고 쉬고 잠을 잡니다. 저는 해초로 저 자신을 두르고 친구들과 손을 잡아요. 왜인지 아세요? 저는 파도에 떠내려가고 싶지 않거든요. 파도는 때때로 저에게 산만큼 크지만, 저는 걱정하지 않아요. 저는 친구들이 있거든요!
② 깨닫다
③ 기대하다, 예상하다
④ 살아남다, 생존하다
⑤ 발견하다

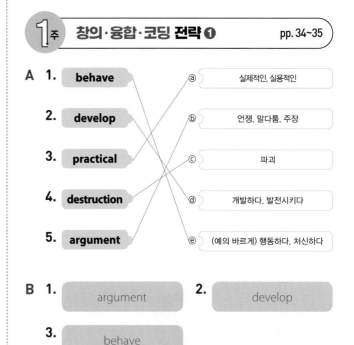

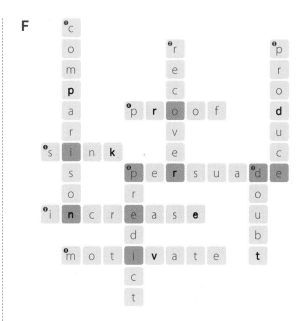

해석 [Across]

❹ 어떤 일의 진실을 보여 주는 정보 또는 증거 → 증거, 증명

❽ 받아들이다, 인정하다 : 거절하다, 거부하다 = 증가하다, 증가시키다 : 줄이다, 감소시키다

[Down]

❶ '비교하다'의 명사형 → 비교

❼ 어떤 것에 대해 확신이 없다 → 의심하다

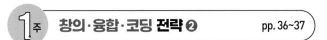

1주 창의·융합·코딩 전략 ❷ pp. 36~37

D 1. _____ float _____ : 뜨다, 떠가다

2. _____ spread _____ : 퍼뜨리다, 펼치다(벌리다)

3. _____ decorate _____ : 꾸미다, 장식하다

4. _____ product _____ : 생산물, 상품

5. _____ suffer _____ : 고통받다, 겪다

6. _____ survival _____ : 생존

E 1. survival 2. product

3. float

어휘 remarkable 놀랄 만한 boat 배

2주 형용사와 부사

미안해! 내가 너의 시계에 물을 엎질렀어.

괜찮아.❶ It's a **waterproof** watch.

해석 ❶ 이건 **방수** 시계야.

월요일은 너무 피곤해.

맞아.❷ I think I'll fall **asleep** in class.

해석 ❷ 수업 시간에 **잠이 들** 것 같아.

내년에 반 배정이 잘됐으면 좋겠다.

나도.❸ I want to see **familiar** faces.

해석 ❸ **익숙한** 얼굴들을 보고 싶어.

동생아, 내 방 불 좀 꺼주라.

❹ How **lazy** you are!

해석 ❹ 누나 정말 게으르구나!

2주 1일 개념 돌파 전략 ❶　　　　pp. 40~43

1-1 local
1-2 (1) hopeful　(2) anxious　(3) average
2-1 cultural
2-2 (1) Surprisingly　(2) peaceful　(3) worth
3-1 thirsty
3-2 (1) available　(2) fancy　(3) waterproof
4-1 crowded
4-2 (1) depressed　(2) responsible　(3) generally

2주 1일 개념 돌파 전략 ❷　　　　pp. 44~45

A 1. 우울한
　2. 평균의, 평균적인, 평균
　3. 지역의, 현지의
　4. 목이 마른, 갈증이 나는
　5. ~할 가치가 있는, ~해 볼 만한
　6. 화려한, 장식적인
　7. 불안해하는, 걱정하는
　8. 의외로, 놀랍게도
　9. 희망에 찬, 기대하는
　10. 붐비는, 복잡한
　11. 구할[이용할] 수 있는
　12. 평온한, 평화로운
　13. 책임이 있는, 책임감 있는
　14. 일반적으로, 대체로, 보통
　15. 방수의, 물이 스미지 않는
　16. 문화의, 문화적인

B 1. available　2. responsible　3. local
　4. cultural　5. hopeful　6. average
　7. generally　8. fancy　9. worth
　10. depressed　11. peaceful　12. waterproof
　13. anxious　14. crowded　15. thirsty
　16. surprisingly

C 1. ③　2. ②　3. ①

D 1. ②　2. ①　3. ③

C **해석** 1. 우리는 모두 환경 문제에 **책임이 있다**.

① 일반적으로, 대체로, 보통

② 목이 마른, 갈증이 나는

③ 책임이 있는, 책임감 있는

2. 그는 내가 **평균** 키보다 크다고 말한다.

① 구할(이용할) 수 있는

② 평균의, 평균적인, 평균

③ 문화의, 문화적인

3. 그 **지역** 신문에는 우리 마을에 관한 기사가 실려 있다.

① 지역의, 현지의

② ~할 가치가 있는, ~해 볼 만한

③ 방수의, 물이 스미지 않는

D **해석** 1. 매우 슬프고 희망이 없는

① 목이 마른, 갈증이 나는

② 우울한

③ 희망에 찬, 기대하는

2. 조용하고 침착한; 조금도 걱정하거나 속상하지 않은

① 평온한, 평화로운

② 불안해하는, 걱정하는

③ 의외로, 놀랍게도

3. 사람이 많거나 혹은 너무 많은 사람이 있는

① 화려한, 장식적인

② 문화의, 문화적인

③ 붐비는, 복잡한

2주 2일 필수 체크 전략 ❶ pp. 46~49

필수 예제 1	(1) asleep (2) regular (3) hardly
확인 문제 1-1	(1) ○ (2) ×
확인 문제 1-2	(1) (a)wake (2) (h)ard (3) (u)nusual

확인 문제 1-1

해설 (1) asleep은 '잠이 든', '자고 있는'이라는 의미이므로, 우리말에 맞는 표현이다.

(2) colorless는 '색깔이 없는', '무색의', '창백한'이라는 뜻이므로, 우리말과 맞지 않는다. colorful(다채로운, 형형색색의, 알록달록한)로 고쳐 써야 한다.

확인 문제 1-2

해석 (1) 잠들지 않은, 깨어 있는: 잠자고 있지 않은

(2) 어려운, 단단한: 행하거나 이해하기 쉽지 않은; 구부리거나 깨기 어려운

(3) 특이한, 흔치 않은, 드문: 보통이 아니거나 흔하지 않은; 매일 일어나지 않는

필수 예제 2	(1) extremely (2) probably
	(3) unfamiliar, different
확인 문제 2-1	(1) × (2) ×
확인 문제 2-2	(1) (s)mooth (2) (i)mpossible
	(3) (f)amiliar

확인 문제 2-1

해설 (1) smoothly는 '부드럽게', '순조롭게'라는 뜻이므로, 우리말과 맞지 않는다. extremely(극도로, 매우)로 고쳐 써야 한다.

(2) similar는 '비슷한', '유사한'의 뜻이므로, 우리말과 맞지 않는다. different(다른, 차이가 나는, 여러 가지의)로 고쳐 써야 한다.

확인 문제 2-2

해석 (1) 매끄러운, 부드러운: 부드럽고 거칠지 않은

(2) 불가능한: 일어날 수 없거나 하기가 매우 어려운

(3) 익숙한, 친숙한: 당신에게 잘 알려진

2주 2일 필수 체크 전략 ❷ pp. 50~51

1 ④ **2** (s)imilar **3** ② **4** ③ **5** impossible

1 **해설** ④는 부사이고, 나머지는 형용사이다.

해석 ① 갑작스러운

② 규칙적인, 정기적인

③ 색깔이 없는, 무색의, 창백한

④ 거의 ~ 않다

⑤ 익숙한, 친숙한

2 **해설** similar: 비슷한, 유사한

해석 내 남자 친구와 나는 데이트할 때 비슷한 신발을 신는다.

3 해설 awake는 '잠들지 않은', '깨어 있는'이라는 의미로, asleep(잠이 든, 자고 있는)과 의미가 반대된다.

해석 그는 아기 때문에 밤새 깨어 있었다.
① 보통의, 평상시의, 흔한
③ 극도의, 지나친, 극심한
④ 매끄러운, 부드러운
⑤ 아마도, 어쩌면

4 해설 '이 차는 달린다'는 This car runs로 표현할 수 있으므로, '부드럽게'라는 의미로 동사 runs를 수식하도록 부사 smoothly를 쓴 문장이 알맞다.
① probably: 아마(도)
② regularly: 규칙적으로, 정기적으로
④ suddenly: 갑자기
⑤ extremely: 극도로, 매우

5 해설 '선생님께서 내게 화를 내실 것이다.'라는 문장으로 보아, 숙제를 다 끝내지 못할 것이라는 내용이 되는 것이 알맞다. 따라서 '가능한'의 뜻을 가진 possible을 '불가능한'의 뜻을 가진 impossible로 고쳐 써야 한다.

해석 〈보기〉 특이한, 흔치 않은, 드문 / 낯선, 생소한 / 불가능한 / 다채로운, 형형색색의, 알록달록한
오늘 모든 숙제를 끝내는 것은 가능해(→ 불가능해). 선생님께서 내게 화를 내실 거야.

2주 3일 필수 체크 전략 ❶   pp. 52~55

필수 예제 3	(1) reality (2) diligent, broad (3) highly
확인 문제 3-1	(1) ○ (2) ○
확인 문제 3-2	(1) (i)ll (2) (l)azy (3) (n)arrow

확인 문제 3-1
해설 (1) broad는 '(폭이) 넓은', '광대한'이라는 의미이므로, 우리말에 맞는 표현이다.

(2) diligent는 '부지런한', '근면한'이라는 의미이므로, 우리말에 맞는 표현이다.

확인 문제 3-2
해석 (1) 아픈, 병든: 몸이 좋지 않은; 아픈
(2) 게으른, 나태한: 열심히 일하지 않거나 활동적이지 않은
(3) 좁은: 한쪽에서 다른 쪽까지의 거리가 짧은; 넓지 않은

필수 예제 4	(1) confident (2) certain
	(3) unfortunately (4) abroad
확인 문제 4-1	(1) ○ (2) ✕
확인 문제 4-2	(1) (f)ortunately (2) (a)board
	(3) (i)nternational

확인 문제 4-1
해설 (1) national은 '국가의', '전국적인', '전 국민의'라는 의미이므로, 우리말에 맞는 표현이다.
(2) aboard는 '(배·비행기 등에) 탑승한'이라는 뜻이므로, 우리말과 맞지 않는다. abroad(해외에(서), 해외로)로 고쳐 써야 한다.

확인 문제 4-2
해석 (1) 다행스럽게도, 운 좋게도: 운 좋게, 다행히도
(2) (배·비행기 등에) 탑승한: 배, 버스, 비행기, 또는 기차에 오른
(3) 국제의, 국제적인: 둘 또는 그 이상의 국가를 포함하는

2주 3일 필수 체크 전략 ❷   pp. 56~57

1 ⑤   **2** various   **3** international   **4** ①
5 healthy

1 해석 자신의 능력에 대한 믿음
① 현실, 실제
② 사회
③ 여러 가지, 다양성
④ 해외에(서), 해외로
⑤ 신뢰, 확신, 자신감

2 해설 무지개는 빨강, 주황, 노랑, 초록, 파랑, 남색, 보라의 일

곱 가지 색을 가지고 있다. 따라서 '여러 가지의', '다양한'이라는 뜻을 가진 various가 알맞다. certain은 '확실한', '틀림없는'이라는 의미이다.

해석 무지개에는 <u>다양한</u> 색이 있다.

3 **해설** national은 '국가의', '전국적인', '전 국민의'라는 의미이다. 국제 학생, 즉 다른 나라에서 온 학생은 international student라고 표현하므로, 주어진 문장은 She is an international student from France.가 되어야 한다.

4 **해설** '존경받는 선생님'은 a respected teacher로 표현할 수 있으므로, '매우'라는 의미로 형용사 respected를 수식하도록 부사 highly가 쓰인 문장이 알맞다.
② abroad: 해외에(서), 해외로
③ aboard: (배·비행기 등에) 탑승한
④ fortunately: 다행스럽게도, 운 좋게도
⑤ unfortunately: 불행히도

5 **해설** like(~ 같은) 다음에 예로 제시된 사과, 당근, 견과는 건강에 좋은 음식이다. 따라서 빈칸에는 '건강한', '건강에 좋은'이라는 의미가 있는 healthy가 알맞다.

해석 〈보기〉 사회의, 사회적인 / 건강한, 건강에 좋은 / 실제의, 진짜의 / (폭이) 넓은, 광대한
A: 당신은 <u>건강한</u> 상태를 유지하기 위해 무엇을 먹나요?
B: 저는 사과, 당근, 견과 같은 <u>건강한</u> 음식을 먹습니다.

© smallblackcat / Shutterstock

![교과서 대표 전략 ❶] 2주4일 **교과서 대표 전략 ❶** pp. 58~61

1 (1) extremely (2) fortunately **2** crowded
3 ① **4** ④ **5** available **6** ② **7** ③ **8** ④
9 (C)ultural **10** ③ **11** different **12** ⑤
13 regularly → smoothly **14** ② **15** ② **16** ①

1 **해설** (1) 형용사와 부사의 관계로, 형용사에 접미사 -ly가 붙어 부사가 되었다.
(2) 반의어 관계로, 접두사 un-이 붙어 서로 의미가 반대가 되었다.

해석 (1) 확실한, 틀림없는 : 확실히, 틀림없이 = 극도의, 지나친, 극심한 : <u>극도로, 매우</u>
(2) 다행스럽게도, 운 좋게도 : 불행히도 = 익숙한, 친숙한 : 낯선, 생소한

2 **해설** crowded: 붐비는, 복잡한 / peaceful: 평온한, 평화로운

3 **해석** 거의 ~ 않다
① 거의 ~ 않다
② 크게, 대단히, 매우
③ 일반적으로, 대체로, 보통
④ 규칙적으로, 정기적으로
⑤ 부드럽게, 순조롭게

4 **해설** 꿈과 다르다고 했으므로, 빈칸에는 반대되는 의미인 ④ reality(현실, 실제)가 알맞다.

해석 꿈은 종종 <u>현실</u>과 다르다.
① 지역의, 현지의
② 여러 가지, 다양성
③ 평균의, 평균적인, 평균
⑤ 신뢰, 확신, 자신감

5 **해석** 〈보기〉 실제의, 진짜의 / 희망에 찬, 기대하는 / 특이한, 흔치 않은, 드문 / 구할(이용할) 수 있는
무언가를 얻거나 이용할 수 있는 → <u>구할(이용할) 수 있는</u>

6 **해석** 아마도 오늘 비가 올 것이다.
① 갑자기
② 아마(도)
③ 극도로, 매우
④ 다행스럽게도, 운 좋게도
⑤ 의외로, 놀랍게도

7 **해설** ③은 형용사와 명사의 관계이고, 나머지는 모두 형용사로 이루어진 반의어 관계이다.

해석 ① 아픈, 병든 - 건강한, 건강에 좋은
② 부지런한, 근면한 - 게으른, 나태한
③ 사회의, 사회적인 - 사회
④ (폭이) 넓은, 광대한 - 좁은
⑤ 국제의, 국제적인 - 국가의, 전국적인, 전 국민의

8 해설 ④의 hard는 '어려운'이라는 의미로 쓰인 형용사이고, 나머지 문장의 hard는 '열심히'라는 의미로 쓰인 부사이다.

해석 ① 나는 가족을 위해 매우 열심히 일한다.
② 나는 영어 공부를 매우 열심히 하고 있다.
③ 그녀는 나를 웃게 하려고 열심히 노력했다.
④ 이 문제를 해결하는 것은 정말 어렵다.
⑤ 나는 최고가 되기 위해 매일 열심히 연습한다.

9 해설 문화와 관련된 awareness(의식, 인식)의 의미를 풀이한 문장이므로, 빈칸에는 '문화의', '문화적인'이라는 뜻의 cultural이 알맞다.

해석 문화적 의식은 문화 간의 차이를 이해하고 존중하는 것을 의미한다.

10 해설 ③은 '나는 공부를 많이 했기 때문에 자신감이 있다.'라는 의미의 문장으로, confident는 '자신감 있는', '확신하는'이라는 뜻이다.

해석 ① 나는 깨어 있을 수가 없다.
② 내가 그녀와 데이트하는 것은 불가능한 일이다.
④ 그는 자신이 보통 오는 시간에 집에 왔다.
⑤ 우리는 사회 시간에 사회적 역할에 대해 배웠다.

11 해설 영화에는 여러 가지의 종류가 있고, 두 사람은 각자 다른 영화 취향을 가지고 있으므로, 빈칸에는 different가 알맞다.

해석 〈보기〉 목이 마른, 갈증이 나는 / 방수의, 물이 스미지 않는 / 다른, 차이가 나는, 여러 가지의 / 가능한
A: 영화에는 여러 가지의 종류가 있잖아요. 당신은 무엇을 가장 좋아하나요?
B: 저는 액션 영화와 공상 과학 영화를 좋아합니다.
A: 저는 멜로 영화를 좋아합니다. 우리는 취향이 참 다르네요.

12 해설 · broad: (폭이) 넓은, 광대한
· abroad: 해외에(서), 해외로
· aboard: (배 · 비행기 등에) 탑승한

해석 · 나는 내 넓은 이마가 좋다.
· 우리 아빠는 해외에서 수년간 일하셨다.
· 우리는 보트를 타고 아름다운 일몰을 보았다.

13 해설 regularly는 '규칙적으로', '정기적으로'라는 의미이므로, 우리말에 맞지 않는다. 따라서 regularly를 '순조롭게'라는 의미의 smoothly로 고쳐 써야 한다.

14 해설 하늘을 다양한 색으로 덮은 오로라에 대한 글이므로, 빈칸에는 '다채로운', '형형색색의', '알록달록한'이라는 의미의 colorful이 알맞다.

해석 형형색색의 빛들이 하늘을 가로질러 춤을 추었다. 나는 그 오로라 사진을 찍었다.
① ~할 가치가 있는, ~해 볼 만한
③ 불안해하는, 걱정하는
④ 가능한
⑤ 우울한

© Sylvie Corriveau / Shutterstock

15 해설 '몇몇의 또는 다양한'은 various(여러 가지의, 다양한)의 영영 풀이이다.

해석 당신은 인생에서 다양한 선택을 하게 될 것이고, 당신의 결정은 당신의 미래를 바꿀 것이다. (몇몇의 또는 다양한)
① 비슷한, 유사한
③ 확실한, 틀림없는
④ 규칙적인, 정기적인
⑤ 책임이 있는, 책임감 있는

16 해설 ⓐ 꿈꾼 내용이 이어지므로 소파에서 잠들었다는 내용이 되는 것이 자연스럽다. 따라서 빈칸에는 '잠이 든'이라는 뜻의 asleep이 알맞다.
ⓑ 하늘을 날고 있었다는 내용이므로, 빈칸에 어울리는 부사는 '높이'라는 뜻의 high이다.

해석 나는 소파에서 잠이 들었다. 내 꿈에서 나는 작년에 죽은 내 강아지 해피를 만났다. 우리는 하늘 높이 날고 있었다. 우리는 즐거운 시간을 보냈다.
②, ④ fancy: 화려한, 장식적인
③, ⑤ average: 평균의, 평균적인, 평균
④, ⑤ colorless: 색깔이 없는, 무색의, 창백한

2주 4일 교과서 대표 전략 ❷   pp. 62~63

1 ③ **2** ④ **3** ⑤ **4** high **5** ③ **6** ①

1 해석 많은 노력을 기울이고 열심히 일하는
① 아픈, 병든
② 게으른, 나태한
③ 부지런한, 근면한
④ 희망에 찬, 기대하는
⑤ 자신감 있는, 확신하는

2 해석 국가 전체와 그 국민에 관련된
① 지역의, 현지의
② 보통의, 평상시의, 흔한
③ 평균의, 평균적인, 평균
④ 국가의, 선국적인, 전 국민의
⑤ 평온한, 평화로운

3 해설 suddenly는 '갑자기'라는 의미이므로, 영영 풀이로 알맞은 것은 ⑤ '예기치 못하게 그리고 놀랍게도'이다.

해석 갑자기 비가 내리기 시작했고, 그녀는 옥상에 있는 빨래가 생각났다.
① 의심의 여지 없이
② 매우, 극도로
③ 규칙적인 시간에
④ 운 좋게, 다행히도

4 해설 형용사로도 부사로도 모두 쓰이며, '높은', '높이', '높게' 등의 의미가 있는 단어는 high이다.

5 해설 ③은 서로 의미가 비슷한 유의어 관계이고, 나머지는 서로 의미가 반대인 반의어 관계이다.

해석 ① 잠들지 않은, 깨어 있는 – 잠이 든, 자고 있는
② 비슷한, 유사한 – 다른, 차이가 나는, 여러 가지의
③ 아마(도) – 아마도, 어쩌면
④ 익숙한, 친숙한 – 낯선, 생소한
⑤ 가능한 – 불가능한

6 해설 종이 눈송이와 대비되는 진짜 눈송이를 본 순간이므로, 빈칸에는 '실제의', '진짜의'라는 의미의 real이 알맞다.

해석 Tom은 잠깐 생각했다. 그가 주머니에 손을 넣었을 때, 종이 눈송이가 느껴졌다. 그는 그것을 창문에 붙였다. 그는 "저기 봐! 눈이 온다!"라고 말했다.
Bill이 그 눈송이를 보았을 때, 그의 얼굴은 밝아졌다.
"정말 예쁘다! 그건 어떻게 만들었어?" 그들은 많은 눈송이를 만들어 모든 벽과 창문에 붙이기 시작했다.
갑자기 Bill이 "Tom, 봐! 진짜 눈송이가 밖에 내리고 있어! 정말 멋진 날이야!"라고 소리쳤다.
② 어려운, 단단한, 열심히
③ 건강한, 건강에 좋은
④ 나채로운, 형형색색의, 알록달록한
⑤ 방수의, 물이 스미지 않는

2주 누구나 합격 전략   pp. 64~65

1 ① **2** ② **3** (b)road
4 (1) responsible (2) available **5** ① **6** abroad
7 different

1 해설 '게으른'의 의미가 있는 단어는 ① lazy(게으른, 나태한)이다.

해석 ② 화려한, 장식적인
③ 불안해하는, 걱정하는
④ 붐비는, 복잡한
⑤ 우울한

2 해설 ②는 형용사이고, 나머지는 명사이다.

해석 ① 현실, 실제
② 목이 마른, 갈증이 나는
③ 여러 가지, 다양성
④ 사회
⑤ 신뢰, 확신, 자신감

3 해석 넓은; 좌우로 큰 거리를 가진 → (폭이) 넓은, 광대한

4 해설 (1) '책임이 있는'이라는 의미의 단어는 responsible이다.
(2) '이용할 수 있는'이라는 의미의 단어는 available이다.

해석 〈보기〉 구할(이용할) 수 있는 / 특이한, 흔치 않은, 드문
/ 책임이 있는, 책임감 있는

5 해설 ① hardly는 '열심히'가 아닌, '거의 ~ 않다'라는 뜻이다.
'열심히'라는 의미의 부사는 hard이다.

6 해설 한국에서 태어났다는 내용 다음에 but이 있는 것으로
보아, 한국이 아닌 해외에서 살았다는 내용이 되는 것이 자연
스럽다. 또한 그곳에서 다양한 사람들을 만나고 다른 언어와
문화를 배웠다는 내용이 이어지는 것으로 보아, '해외에(서)',
'해외로'의 뜻을 가진 abroad가 적절하다. aboard는 '(배 ·
비행기 등에) 탑승한'이라는 뜻이다.

해석 나는 한국에서 태어났지만 해외에서 오랫동안 살았다.
그곳에서 다양한 사람들을 만났고 다른 언어와 문화에 대해
배웠다.

7 해설 different: 다른, 차이가 나는, 여러 가지의

해석 Williams 씨는 공원 근처에 산다. 나의 개가 아플 때 나
는 항상 그에게 개를 데려간다. 그는 개를 치료하기 위해 최선
을 다한다. 가끔 그는 동물들을 돌보기 위해 여러 농장으로 간
다. 지난 일요일에 그는 Bailey 씨로부터 전화를 받았다. 그는
그녀의 농장으로 서둘러 갔다. 그의 도움으로 그녀의 소가 귀
여운 새끼를 낳았다. Bailey 씨는 기뻐했고 그에게 감사했다.

↓

Williams 씨는 아픈 동물들을 치료하며 가끔 그들을 돌보기
위해 여러 농장으로 간다.

2주 **창의·융합·코딩 전략 ❶**   pp. 66~67

A

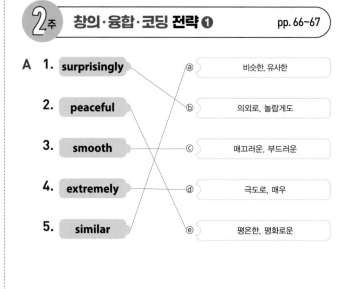

1. surprisingly — ⓑ 의외로, 놀랍게도
2. peaceful — ⓔ 평온한, 평화로운
3. smooth — ⓒ 매끄러운, 부드러운
4. extremely — ⓓ 극도로, 매우
5. similar — ⓐ 비슷한, 유사한

B

1. extremely   2. peaceful
3. Surprisingly

어휘 expensive 비싼   rest 쉬다   grade 성적

C

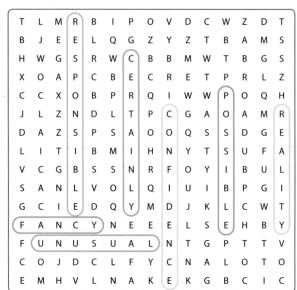

가능한	확실히, 틀림없이	책임이 있는, 책임감 있는
possible	certainly	responsible

특이한, 흔치 않은, 드문	현실, 실제	신뢰, 확신, 자신감
unusual	reality	confidence

pp. 68~69

D 1. _____variety_____ : 여러 가지, 다양성

2. _____high_____ : 높은, 높이, 높게

3. _____suddenly_____ : 갑자기

4. _____anxious_____ : 불안해하는, 걱정하는

5. _____unfamiliar_____ : 낯선, 생소한

6. _____regularly_____ : 규칙적으로, 정기적으로

E 1. _____Suddenly_____ 2. _____high_____

3. _____regularly_____

어휘 snow 눈이 오다(내리다)
jump 뛰다
meeting 회의
hold (회의 등을) 하다(열다)

F

해석 [Across]
❷ 몸이 좋지 않은; 아픈 → 아픈, 병든
❼ 국가 전체와 그 국민에 관련된 → 국가의, 전국적인, 전 국민의
❾ 다행스럽게도, 운 좋게도 : 불행히도 = 보통의, 평상시의, 흔한 : 특이한, 흔치 않은, 드문

[Down]
❸ (폭이) 넓은, 광대한 : 좁은 = 부지런한, 근면한 : 게으른, 나태한
❽ 행하거나 이해하기 쉽지 않은; 구부리거나 깨기 어려운 → 어려운, 단단한

신유형·신경향·서술형 전략

pp. 72~75

1 (A) prove (B) release 2 recover
3 (A) probably (B) diligent
4 (1) hopeful (2) unusual 5 discuss
6 accept 7 (A) reality (B) impossible
8 (1) extremely (2) familiar

1 해설 (A) 동사가 와야 하므로, proof(증거, 증명)가 아닌 prove(입증하다, 증명하다)가 알맞다.
(B) arrest(체포하다)와 뜻이 반대인 단어가 와야 하므로, '풀어 주다'라는 뜻이 있는 release가 알맞다.

2 해설 '무언가를 되찾다'라는 의미가 있는 단어는 recover(회복하다, 되찾다)이다.

해석 우리는 돈을 되찾을 방법을 찾아야 해요.

3 해설 (A) perhaps(아마도, 어쩌면)와 의미가 비슷한 단어는 probably(아마(도))이다.
(B) lazy(게으른, 나태한)와 의미가 반대인 단어는 diligent(부지런한, 근면한)이다.

해석 일반적으로, 대체로, 보통 / 거의 ~ 않다 / 아마(도) / 자신감 있는, 확신하는 / 부지런한, 근면한 / 확실한, 틀림없는

4 해설 (1) '희망에 찬'에 해당하는 형용사는 hopeful(희망에 찬, 기대하는)이다.
(2) '특이한'에 해당하는 형용사는 unusual(특이한, 흔치 않은, 드문)이다.

5 해설 discover와 discovery는 동사와 명사의 관계이므로, 빈칸에는 discussion의 동사형인 discuss가 알맞다.

해석 발견하다 – 발견 / 논의하다, 토론하다 – 논의, 상의

신유형·신경향·서술형 전략 **41**

6 해설 다른 사람의 비판을 받아들일 줄 알아야 한다는 내용이 되는 것이 자연스러우므로, refuse(거절하다, 거부하다)는 '받아들이다', '인정하다'라는 뜻이 있는 accept로 고쳐 쓰는 것이 자연스럽다.

해석 당신은 비판을 거부하는(→ 받아들이는) 법을 배워야 합니다. 그것은 스스로를 향상시킬 기회가 될 수 있어요.

© Vectorium / Shutterstock

7 해설 (A) 형용사 real(실제의, 진짜의)의 명사형은 reality(현실, 실제)이다.
(B) 형용사 possible(가능한)의 반의어는 형용사 impossible (불가능한)이다.

8 해설 (1) '극도로', '매우'라는 의미로 tired(피곤한)를 꾸밀 수 있는 extremely가 알맞다.
(2) 만난 적 있는지 묻는 말이 이어지는 것으로 보아, '익숙한', '친숙한'이라는 뜻의 familiar가 알맞다.

해석 (1) 그녀는 어젯밤에 잠을 못 자서 매우 피곤하다.
(2) 당신 얼굴이 익숙해요. 우리 전에 만난 적 있나요?

적중 예상 전략 | ❶ pp. 76~79

1 ③ 2 ② 3 (t)ransfer 4 ④ 5 (e)ncourage
6 ① 7 (1) invitation (2) behavior
8 (1) develop (2) predict 9 apply 10 (i)ncrease
11 ③ 12 (1) motive (2) development
(3) decoration 13 ③ 14 ② 15 ⑤ 16 ①
17 그 과학자는 어제 새로운 사실을 발견했다.
18 practice 19 communicate

1 해석 무언가를 또는 누군가를 안전하게 지키다
① 입증하다, 증명하다
② 예측하다
③ 보호하다, 지키다
④ 생산하다
⑤ 설득하다

2 해설 '범인을 경찰서에 데려가다'에 해당하는 단어는 arrest (체포하다)이다. arrest의 과거형은 arrested이다.

해석 경찰이 그를 체포했다.
(범인을 경찰서에 데려가다)
① 응시하다, 빤히 쳐다보다
③ 고통받다, 겪다
④ 의심하다, 의심
⑤ 남아 있다, 계속 ~이다

어휘 take A to B A를 B로 데려가다
criminal 범인, 범죄자
police station 경찰서

3 해설 transfer는 '옮기다', '환승하다'라는 뜻을 가진 단어로, 어떤 장소에서 다른 장소로 이동하거나 학교와 직장 등을 옮기는 것을 표현할 때 사용한다.

해석 한 장소, 직장, 또는 학교에서 다른 곳으로 이동하다 → 옮기다

4 해설 recover는 '회복하다', '되찾다'라는 의미로, restore(복원하다, 회복하다)과 유의어 관계이다.

해석 당신은 다음 주 경기를 위해 휴식을 취하고 빨리 회복해야 한다.
① 닦다, 닦기
② 초대하다
③ 벗어나다, 탈출하다
④ 복원하다, 회복하다
⑤ 비교하다

어휘 rest 쉬다, 휴식을 취하다
quickly 빨리

5 해설 '누군가를 더 자신감 있게 하거나 희망차게 하다'라는 뜻을 가진 단어는 encourage(격려하다, 용기를 북돋우다)이다.

해석 우리는 힘든 일이 있을 때 서로를 격려합니다.
(누군가를 더 자신감 있게 하거나 희망차게 하다)

어휘 each other 서로
difficult time 힘든 시간(때/시기), 어려운 시기

6 해설 ①은 동사와 형용사의 관계이고, 나머지는 모두 동사와 명사의 관계이다.

해석 ① 관련시키다, 연관시키다 – 관련된
② 논쟁하다, 말다툼하다 – 언쟁, 말다툼, 주장
③ 동기를 부여하다 – 동기, 이유
④ 논의하다, 토론하다 – 논의, 상의
⑤ 파괴하다 – 파괴

7 해설 (1) 축하 파티에 초대하는 그림이므로, 빈칸에는 '초대'를 뜻하는 invitation이 알맞다.
(2) 인사하는 모습은 '예의 바른 행동'으로 볼 수 있으므로, 빈칸에는 '행동'을 뜻하는 behavior가 알맞다.

해석 〈보기〉 초대, 초대장 / 행동 / 비교
(1) 초대 고마워.
(2) 그녀의 예의 바른 행동 때문에 모든 사람이 그녀를 좋아한다.

어휘 polite 예의 바른, 공손한

8 해설 (1) 빈칸에는 '개발하다'에 해당하는 동사인 develop이 알맞다.
(2) 빈칸에는 '예측하다'에 해당하는 동사인 predict가 알맞다.

해석 〈보기〉 예측하다 / 퍼뜨리다, 펼치다(벌리다) / 개발하다, 발전시키다

어휘 leader 지도자
need ~해야 하다
skill 능력, 기술
difficult 어려운
weather 날씨

9 해설 첫 번째 문장이 학교를 다니고 싶은 이유, 즉 학교를 지원하게 된 동기를 묻고 있고, 두 번째 문장은 '당신이 이 학교에 ~하게 된 동기는 무엇입니까?'라는 의미이다. 따라서 주어진 철자로 만들 수 있는 동사 중 this school(이 학교)과 어울리는 단어는 apply(지원하다, 신청하다)이다.

해석 당신은 왜 이 학교에 다니고 싶습니까?
= 당신이 이 학교에 지원하게 된 동기는 무엇입니까?

10 해설 reduce는 '줄이다', '감소시키다'라는 의미로, '증가하다', '증가시키다'라는 뜻을 가진 increase와 반대된다.

해석 모든 자동차는 어린이 보호 구역에서 속도를 줄여야 한다.

어휘 speed 속도
school zone 어린이 보호 구역

11 해설 'I am so sad.'로 보아, 머리를 잘라서 큰 변화를 주었으나, 남자 친구가 이를 알아차리지 못했다는 내용이 되는 것이 자연스럽다.

해석 나 너무 슬퍼. 어제 머리를 잘랐는데 남자 친구가 알아차리지 못했어. 나한테는 큰 변화였는데.
① 퍼뜨리다, 펼치다(벌리다)
② 초대하다
③ 알아차리다, 의식하다
④ 살아남다, 생존하다
⑤ 꾸미다, 장식하다

어휘 haircut 이발, 머리 깎기

12 해설 (1) 어떤 것을 하는 이유 → 동기, 이유
(2) 변화하고 성장하는 과정 → 개발, 발달
(3) 대상(물체)을 더 아름답게 보이게 하는 어떤 것 → 장식, 장식품

어휘 reason 이유
process 과정

13 해설 자세를 낮추고 젖은 수건으로 코를 막는 것은 불이 났을 때 대피하는 방법이다. 또한, 빈칸 다음에 '여기서 나가자.'라는 말이 있는 것으로 보아, 빈칸에는 escape(벗어나다, 탈출하다)가 가장 적절하다.

해석 A: 어떡해! 건물에 불이 났어!
B: 우리 빨리 탈출해야 해.
A: 알겠어! 여기서 나가자.
B: 낮은 자세를 유지하고 젖은 수건으로 코를 막는 것을 잊지 마!
① 뜨다, 떠가다
② 고통받다, 겪다
④ 생산하다
⑤ 추천하다, 권하다

어휘 building 건물
get out of ~에서 떠나다(나가다)
low 낮은
cover (감추거나 보호하기 위해) 씌우다(가리다), 덮다
wet 젖은

© miniwide / Shutterstock

14 해설 ②는 '당신은 지금 우릴 풀어 줘야 해!'라는 의미의 문장으로, release는 '풀어 주다'라는 뜻이다.

해석 ① 그녀의 이름을 언급하지 마.
③ 나는 면접에 참석해야 해.
④ 연필을 사라고 나에게 상기시켜 줘.
⑤ 여기서 너를 보리라고 예상하지 못했어.

어휘 interview 면접

15 해석 • 너는 집과 학교에서 다르게 행동해.
• 만약 네가 잘 행동한다면, 너에게 초콜릿을 줄게.
① 가라앉다
② 거절하다, 거부하다
③ 받아들이다, 인정하다
④ 깨닫다
⑤ (예의 바르게) 행동하다, 처신하다

16 해설 ⓐ '어떤 것을 손상시키는 행위'는 ④ destruction(파괴)에 대한 영영 풀이이다.
ⓑ '팔려고 만든 것'은 ③ product(생산물, 상품)에 대한 영영 풀이이다.

ⓒ '위험 후에도 계속 살아 있는 상태'는 ② survival(생존)에 대한 영영 풀이이다.
ⓓ '유사점이나 차이점을 찾아내는 행위'는 ⑤ comparison(비교)에 대한 영영 풀이이다.
① proof는 '증거', '증명'이라는 뜻으로 해당하는 영영 풀이가 없다.

어휘 act 행위, 행동
damage 손상을 주다
sale 판매
continue 계속되다, 계속하다
danger 위험
find out 알아내다, 찾아내다
similarity 유사성, 닮은 점
difference 차이

17 해설 discovered는 discover(발견하다)의 과거형으로 '발견했다'로 해석한다.

18 해설 주어진 영영 풀이는 '무언가를 잘하기 위해 반복적으로 하다'라는 의미이므로, 해당하는 단어는 practice(연습하다)이다.

해석 예진이가 가장 좋아하는 취미는 춤이다. 그녀는 학교 춤 동아리의 새 회원이다. 회원들은 토요일마다 학교 체육관으로 와서 춤 동작을 연습한다. 요즘 예진이는 힙합 동작을 배우고 있다. 동아리는 다음 달에 있을 학교 축제에서 공연할 것이다.

어휘 repeatedly 반복해서
favorite 매우 좋아하는
hobby 취미
club 동아리
gym 체육관
move 동작, 움직임
perform 공연하다
festival 축제

19 해설 communicate: 의사소통하다

해석 고래는 물속에서 삽니다. 그들은 물고기처럼 보이고 헤엄치지만, 전혀 물고기가 아닙니다. 고래는 항상 수면 아래에서 지낼 수는 없습니다. 고래는 물속에서 숨을 쉴 수 없기 때문에 때때로 숨을 쉬기 위해 수면으로 올라옵니다. 고래는 소리를 내고, 이 소리로 의사소통을 합니다. 고래의 소리는 188데시벨에 이르러서, 수백 킬로미터 떨어진 곳에서도 다른 고래들이 이 소리를 들을 수 있습니다.
A: 고래는 어떻게 <u>의사소통을 하나요</u>?
B: 그들은 높은 데시벨의 소리를 이용합니다.

어휘 stay 머물다, 지내다
all the time 내내, 항상
surface 표면, 수면
from time to time 가끔, 이따금, 때때로
call (동물의) 울음소리
reach ~에 이르다

적중 예상 전략 | ❷　　　　pp. 80~83

1 (r)eality　　2 ③　　3 ⑤　　4 ②　　5 regularly
6 (1) unfamiliar　(2) Extreme　7 (p)erhaps
8 ④　　9 ⑤　　10 ③　　11 ④
12 (1) waterproof　(2) regular　(3) usual　13 ②
14 (1) ⓑ　(2) ⓒ　15 (c)onfidence　16 (s)ociety
17 (1) 불안해하는　(2) 열심히　(3) 어려운　(4) 자신감 있는
18 different　　19 ①

---

1 해석 상상이 아님; 진짜 상황 → <u>현실, 실제</u>

어휘 imagination 상상
situation 상황

2 해석 병에 걸릴 것 같지 않은; 튼튼한
① 목이 마른, 갈증이 나는
② 확실한, 틀림없는
③ 건강한, 건강에 좋은
④ 매끄러운, 부드러운
⑤ 다채로운, 형형색색의, 알록달록한

어휘 get sick 병에 걸리다

3 해설 aboard는 '(배·비행기 등에) 탑승한'이라는 의미이다. ⑤ country(국가, 나라)는 탈것에 해당하지 않으므로 빈칸에 들어갈 수 없다.

해석 (배·비행기 등에) 탑승한: <u>배</u>, <u>버스</u>, <u>비행기</u>, 또는 <u>기차</u>에 오른

4 해설 반의어 관계란, 서로 반대되는 의미가 있는 단어를 가리키므로, ② broad((폭이) 넓은, 광대한) – narrow(좁은)가 이에 해당한다.

해석 ① 지역의, 현지의 – 문화의, 문화적인
③ 여러 가지의, 다양한 – 여러 가지, 다양성
④ 갑작스러운 – 갑자기
⑤ 의외로, 놀랍게도 – 일반적으로, 대체로, 보통

5 해설 포옹이 필요한 이유를 설명하는 문장이므로, 포옹을 거의 하지 않는 것이 도움이 된다는 내용보다는 포옹을 정기적으로 하는 것이 도움이 된다는 내용이 되는 것이 적절하다.
hardly: 거의 ~ 않다 / regularly: 규칙적으로, 정기적으로

해석 우리는 왜 포옹이 필요할까? 포옹을 정기적으로 하는 것은 사람들이 행복하고 편안하게 느끼도록 도와주기 때문이다.

어휘 hug 포옹, 포옹하다
comfortable 편안한

© Sensvector / Shutterstock

6 해설 (1) 빈칸에는 '낯선'이라는 뜻의 unfamiliar가 알맞다.
(2) 빈칸에는 '극심한'이라는 뜻의 extreme이 알맞다.

해석 〈보기〉 극도의, 지나친, 극심한 / 낯선, 생소한 / 사회의, 사회적인

7 해설 부사 probably는 '아마(도)'라는 의미로, '아마도', '어쩌면'의 뜻이 있는 부사 perhaps로 바꾸어 쓸 수 있다.

해석 A: 네 아빠에게 내일 있을 파티에 대해 상기시켜 주렴. 아마도 그는 그것을 잊어버렸을 거야.
B: 알았어요, 그럴게요.

8 해설 ④는 '나는 어제 국제 전화를 했다.'라는 의미의 문장으로, international은 '국제의', '국제적인'이라는 뜻이다.

해석 ① 나는 이 커피를 해외에서 샀다.
② 카페는 아이들로 붐빈다.
③ 그것은 유령이 아니라 진짜 사람이다.
⑤ 다른 언어를 공부하는 것은 가치가 있다.

어휘 ghost 유령
call 전화, 통화
language 언어

9 해설 (A) 영화에서만 일어나는 일이라고 한 것으로 보아, A는 타임머신이 가능하지 않다고 생각한다.
(B) A의 말에 반박하며 불가능한 것은 없다고 말한다.
(C) B의 대답으로 보아, 시간 여행이 가능하다고 생각하는지 묻는 말이 되어야 한다.
possible: 가능한 / impossible: 불가능한

해석 A: 미래에는 무슨 일이 생길까?
B: 타임머신이 생길지도 몰라!
A: 글쎄, 가능할 것 같지 않아. 그건 영화에서만 일어나는 일이야.
B: 불가능한 것은 없어. 모든 것이 빠르게 변화하고 있잖아.
A: 너는 시간 여행이 정말 가능하다고 생각하니?
B: 물론이지! 나는 우리가 언젠가 시간 여행을 할 것이라고 믿어.

어휘 maybe 어쩌면, 아마
time machine 타임머신
time travel 시간 여행
someday 언젠가

10 해설 동사 turn(돌다)과 어울리는 부사는 '부드럽게', '순조롭게'의 뜻이 있는 smoothly이다.

해석 다섯 명의 스케이트 선수들이 부드럽게 코너를 돌고 있다.
① 거의 ~ 않다
② 확실히, 틀림없이

④ 극도로, 매우
⑤ 불행히도

어휘 turn 돌다
corner 모서리, 모퉁이, 코너

11 해설 '보통이 아니거나 흔하지 않은; 매일 일어나지 않는'에 해당하는 단어는 unusual(특이한, 흔치 않은, 드문)이다.

해석 치즈케이크와 김치를 함께 먹어 본 적이 있나요? 특이하게 들리겠지만, 맛있답니다!
(보통이 아니거나 흔하지 않은; 매일 일어나지 않는)
① 잠들지 않은, 깨어 있는
② 익숙한, 친숙한
③ 국가의, 전국적인, 전 국민의
⑤ 구할(이용할) 수 있는

어휘 normal 보통의, 평범한
common 흔한

© NoonBuSin / Shutterstock

12 해설 (1) 물이 통과하지 못하게 하는 → 방수의, 물이 스미지 않는
(2) 일상적으로 무언가를 반복적으로 하는 → 규칙적인, 정기적인
(3) 대부분의 경우에 일어나는; 보통의 → 보통의, 평상시의, 흔한

어휘 get through 통과하다
routine 일상, 틀

13 해설 diligent(부지런한, 근면한)의 반의어는 lazy(게으른, 나태한)이다.

해석 수연이는 부지런한 학생이다. 그녀는 수업 시간에 집중하며, 성적도 좋다.
① 아픈, 병든
③ 희망에 찬, 기대하는
④ 우울한
⑤ 책임이 있는, 책임감 있는

어휘 pay attention 집중하다, 주의를 기울이다
grade 성적, 학점

14 해설 (1) highly: 크게, 대단히, 매우
(2) peaceful: 평온한, 평화로운

해석 (1) 저는 이 드라마를 <u>매우</u> 추천합니다.
(2) 그 소년은 잠결에 <u>평온해</u> 보였다.

15 해설 '자신의 능력에 대한 믿음'이라는 의미의 단어는
confidence(신뢰, 확신, 자신감)이다.

해석 <u>자신감</u>을 잃지 마! 넌 잘하고 있어. 그냥 너 자신을 믿어.
(자신의 능력에 대한 믿음)

어휘 trust 믿다, 신뢰하다

16 해설 '공동체를 이루며 함께 살아가는 사람들의 집단'이라는
의미의 단어는 society(사회)이다.

해석 오늘날의 <u>사회</u>에서는 오염이 문제이다. 사람들은 그것
이 인간의 건강에 위협이 될까 봐 걱정한다.
(공동체를 이루며 함께 살아가는 사람들의 집단)

어휘 community 공동체

17 해설 (1) anxious: 불안해하는, 걱정하는
(2), (3) hard: 어려운, 단단한, 열심히 ((2)는 부사로 쓰였고,
(3)은 형용사로 쓰였다.)
(4) confident: 자신감 있는, 확신하는

해석 <u>불안함</u>을 느끼니? 괜찮아! 너는 <u>열심히</u> 하기만 하면 돼.
처음에는 <u>어려워</u> 보일지 모르지만, 연습하면 곧 <u>자신감이 생</u>
길 거야.

어휘 at first 처음에는
soon 곧

18 해설 이어지는 문장에서 서로 다른 다양한 직업을 소개하고
있으므로, '다른', '차이가 나는', '여러 가지의'의 뜻이 있는
different가 알맞다. similar는 '비슷한', '유사한'이라는 뜻
이다.

해석 우리 동네 사람들은 <u>여러 가지의</u> 직업을 가지고 있다.

요리사, 교사, 의사, 버스 운전사 등이 있다. 그들 덕분에 나는
직업에 관하여 많은 것을 안다.

어휘 town 동네
and so on 기타 등등, 등
thanks to ~ 덕분에

© miniwide / Shutterstock

19 해설 빈칸이 있는 문장은 '우리는 구름만큼 ~하게 난다.'라는
의미이므로, '높이', '높게'라는 뜻의 high가 문맥상 빈칸에 가
장 적절하다.
cf. as ~ as ...: …만큼 ~한/하게

해석 늦가을에 날씨가 추워지면 우리는 더 따뜻한 나라로 이
동해요. 우리는 구름만큼 <u>높이</u> 날아요. 우리는 리더를 따르고
V자 형태로 날아요. 리더는 우리를 안내해야 하는데, 그것은
쉬운 일이 아니죠. 그래서 우리는 힘을 아끼기 위해 교대로 앞
장서요. 이런 식으로 우리는 아주 멀리 이동할 수 있어요.
② 화려한, 장식적인
③ 잠이 든, 자고 있는
④ 평균의, 평균적인, 평균
⑤ 색깔이 없는, 무색의, 창백한

어휘 fall 가을
warmer warm(따뜻한)의 비교급
shape 모양, 형태
guide 안내하다, 인도하다
take turns 번갈아 하다, 교대로 하다
lead 선두, 앞섬
far 멀리

영어전략 **정답과 해설**